JN111963

オートクチュールのビーズ・スパンコール刺繍

クロッシェ・ド・リュネビルとニードルによるモチーフ集

杉浦今日子

Kyoko Sugiura

Broderie
d'Art

誠文堂新光社

Les créations de Kyoko Sugiura

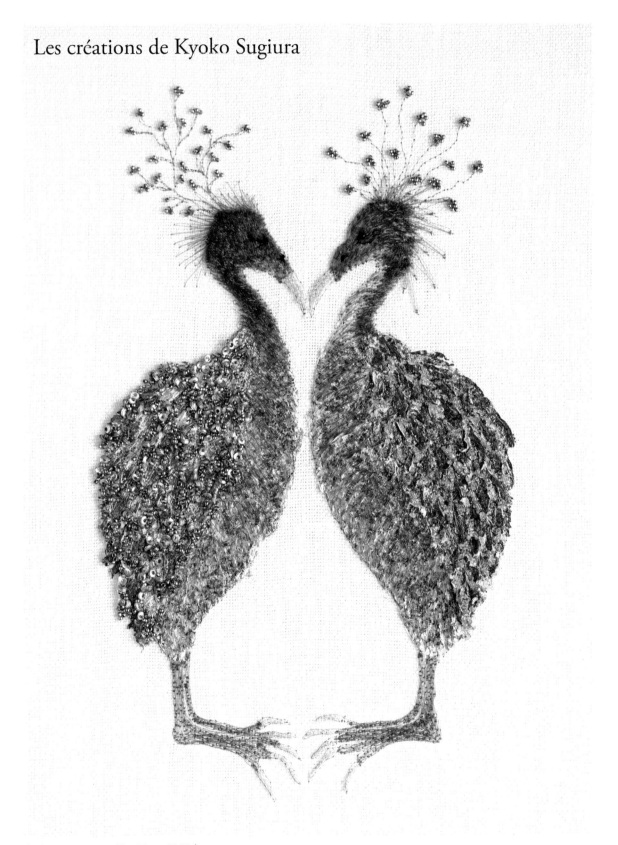

Dialogue -oiseaux- 43 x 34 cm 2022 年

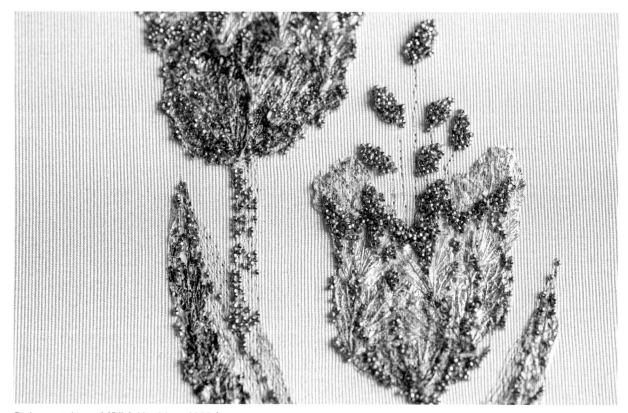

Dialogue -tulipes- （部分）43 x 34 cm 2022 年

Dialogue -fleurs d'or 1 - （部分）43 x 34 cm 2022 年

Sleeping -Girls- （部分）19 x 32.6 cm 2019 年

La fleur et son nid - 5 - （部分）30 x 21 cm 2017 年

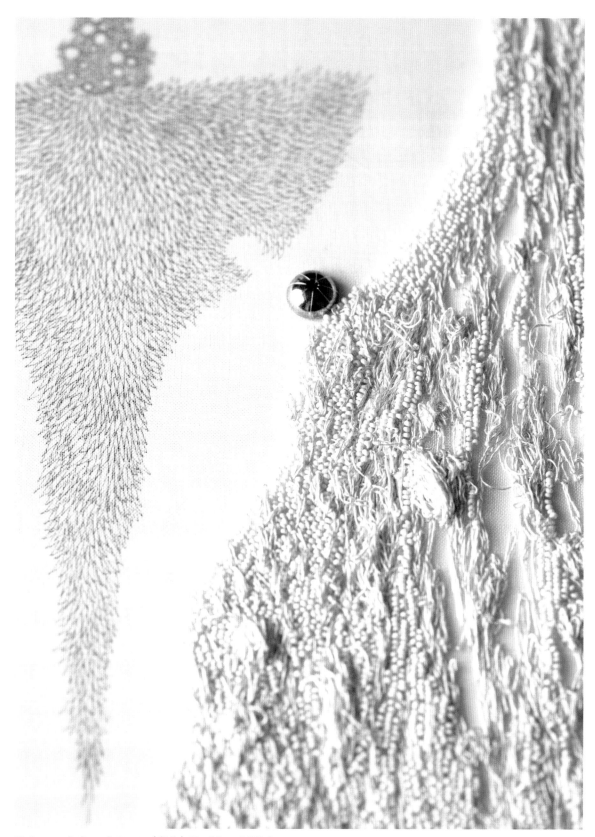

Dialogue -végétaux flottants- （部分）20 x 20 cm 2022 年

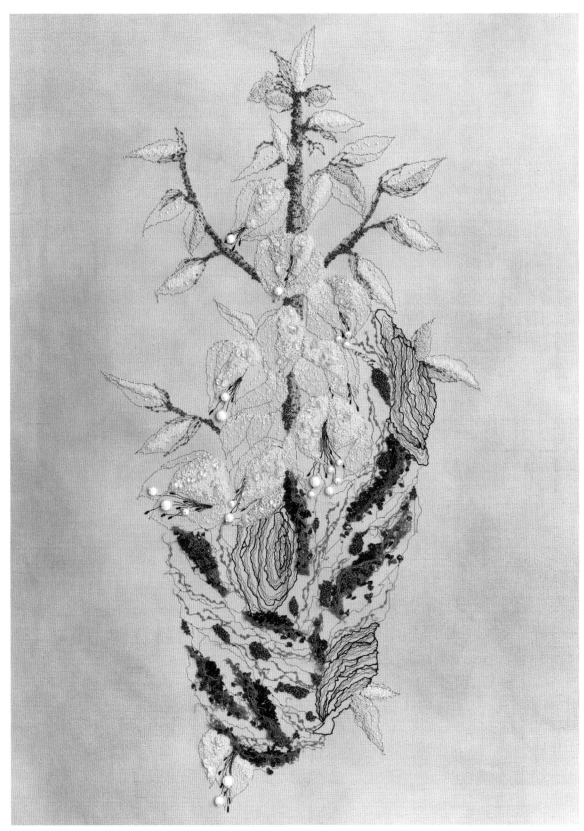

La fleur et son nid - 2 - 95 x 60 cm 2017 年

Dialogue -fleur et grenouille- （部分）20 x 20 cm 2022 年

Lézard 2015 年

Table des matières 目次

Les créations de Kyoko Sugiura 杉浦今日子作品集　2

Préface　はじめに　10

道具のこと　12
糸と布のこと　14
ビーズとスパンコール　15
スパンコールの加工　17

Bases de la broderie avec perles et paillettes
ビーズ・スパンコール刺繍の基礎　18

針とクロッシェ／クロッシェのスタンバイ／アンフィラージュ
刺し始めと刺し終わり　18
クロッシェの基本の動き　19
１．ビーズで線を表現する　20
２．ビーズを立たせる・スパンコールをビーズで留める　22
３．スパンコールで線を表現する　23
　　トゥッシュトゥッシュ／リヴィエール／アングレーズ
４．スパンコールで面を埋める　26
　　エカイユ
５．ヴェルミッセルがベースのステッチ　27
　　ヴェルミッセル／キャビア／ムース
知っておきたいスパンコールのこと　28

モチーフ集　29

線　30

01 ステップ・バイ・ステップ　02 ヘリンボーン　03 ヘリンボーンツリー　04 Vリピート
05 ビーズオン　06 双方向ストライプ　07 スパンコールグラデーション
08 スパンコールオン　09 パレット配列

格子　39

10 立体交差　11 黄金配列　12 ダブルチェック　13 フィルアップ・1
14 フィルアップ・2　15 重ね格子　16 ラティスガーデン

バリエーション　47

17 クロス・コネクト　　18 四つ葉づくし　　19 三角リピート　　20 ジグザグ
21 ギヤマンの窓　　22 青海波　　23 エヴァンタイユ　　24 貝ならべ
25 リンク・ダイヤ　　26 トレース　　27 光るエカイユ　　28 だましムース
29 ヒョウ柄ムース　　30 リバーストリーム・1　　31 リバーストリーム・2

切る・折る　62

32 エアリアル　　33 立体モダン絣　　34 虹色コントラスト・1
35 虹色コントラスト・2　　36 白黒のくす玉　　37 海の底　　38 星の花
39 ひなぎく　　40 花車・1　　41 花車・2

植物　72

42 ぽんぽんフラワー　　43 金流花　　44 冬の針葉樹　　45 フリーリー
46 スターツリーズ　　47 こってりムース　　48 ツリーズ　　49 グレインツリーズ
50 白い結晶　　51 白い開花　　52〜65 小花いろいろ

3D フラワー　86

66 フラワーレリーフ・1　　67 フラワーレリーフ・2　　68 赤い実　　69 花ぶどう

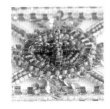

レリーフ　92

70 追憶のレリーフ・1　　71 追憶のレリーフ・2　　72 追憶のタピスリー
73 エンブレム　　74 ロザス　　75 カレイドスコープ　　76 紋章
77 花の風車　　78 ダイアログ

ガロン　102

79 虹色ストライプ　　80 ショートリフレイン　　81 ぽんぽんラティス　　82 スキップライン
83 小舟を並べて　　84 ひらひら　　85 ショートブリッジ　　86 ペアブリッジ
87 レインボーエカイユ　　88 ビーズ回路　　89 クロスブリッジ　　90 リトルバタフライ
91 プティロン　　92 スクエアフラワー　　93 重ねがさね　　94 緑のコンポジション

コラム　クロッシェ・ド・リュネビルと針　46　　柔軟に刺繍をするということ　101
Chemin de création　クリエイションの道筋　116
Règles basiques　応用作品の前に、基本的なこと　120
Niveau avancé　応用作品　121
用語集　126

Préface　はじめに

　もうだいぶ前のことですが、自分の創作をし始めた頃に通っていた服飾学校の手芸の教科書が、私のクリエイションの拠りどころでした。そこにはたくさんのテクニックが載っていて、眺めているだけでもわくわくしたものです。初めて見る技法の数々から多くのインスピレーションを得ながら、自分なりのアレンジを加え、限りない試行錯誤を繰り返す。そうやって作品を生みだしていきました。やがてその思考は教科書から離れて、目に映るもの、ひとの言葉、肌で感じること全てがインスピレーションの源となり、今の作品制作に反映されていると感じています。

　こうした自分の体験をもとに、クリエイションをする人がヒントとなる何かをつかみ取れるような本にしたいという思いから作ったのが本書です。私が、手芸の教科書を隅から隅まで飽きることなく眺め、作り、応用して、創作の「種」にしたように。クリエイターの方に、さまざまなインスピレーションをここから受け取っていただけるよう、いろいろなテクニックや素材の使い方をそれぞれのモチーフの中に盛り込みました。

　多くの方の手仕事に、この本が役に立ったらうれしいです。

杉浦今日子

道具のこと

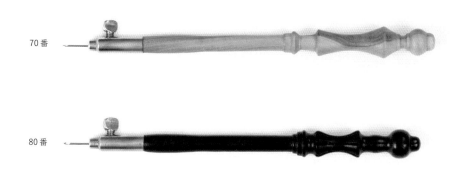

70番

80番

クロッシェ・ド・リュネビル　Crochet de Lunéville

オートクチュールの刺繍で欠かせない道具、クロッシェ・ド・リュネビル(本書では「クロッシェ」と表記)。
ビーズ・スパンコールを早く、きれいに刺すことができるフランスで生まれたテクニックです。先端が
小さなかぎになっている針を専用の柄に付けて使います。ビーズ・スパンコール刺繍には70番、80番が
一番よく使う太さで番号が大きい方が太く、糸の種類や太さなどで使い分けます。

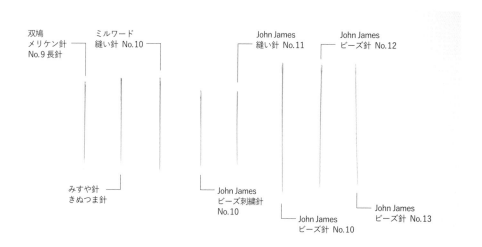

双鳩
メリケン針
No.9 長針

ミルワード
縫い針 No.10

John James
縫い針 No.11

John James
ビーズ針 No.12

みすや針
きぬつま針

John James
ビーズ刺繍針
No.10

John James
ビーズ針 No.10

John James
ビーズ針 No.13

針　Aiguilles

ビーズやスパンコールの穴にスムーズに通せる細い針を使います。針は番号が大きくなるほど細くなり
ます。長いビーズ針はビーズをアンフィラージュする時に便利です。刺繍には縫い針、またはビーズ刺
繍針が適しています。メーカーにより同じ番手でも太さや穴の大きさが違ったり、使いやすさも違うので、
自分の手になじむ針を探してみてください。

刺繍枠
Métier à broder

刺繍丸枠　Tambour à broder

布をピンと刺繍枠に張ることが、ビーズ・スパンコールの刺繍ではとても重要です。布がゆるんでいると縫い縮みを起こしてしまう原因にもなります。もうひとつ重要なことは、両手が使える状態で刺繍をするということ。そのためにも刺繍枠は、布がピンと張れる長方形のものがおすすめです。丸い刺繍枠でもテーブルに固定するなどして、両手が使えるようにします。

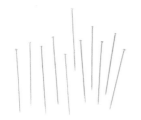

シルクピン　Épingles

オートクチュールの刺繍では、まち針は頭が小さいシルクピンを使います。オーガンジーなど薄く繊細な生地を多く使用するため、刺しても跡が残らない細めのものを持っていると便利です。四角い刺繍枠に張る時に、両側から引っ張るテープを留めたり、クロッシェで刺繍をしている最中に途中で糸を留めておきたい時にシュネットを通して刺しておくなど、色々な場面で使う必需品です。

自分で作る道具

ビーズやスパンコールを置くトレーは、針にあたりのいい布を貼って作ります。左のパテは木製のトレーにフェルトを貼り、それを麻布でくるみました。ビーズが混ざらないようにしたい時は、太めのコードなどで仕切りを作ります。右のクロッシェケースは刺繍学校で作ったもの。クロッシェは布を簡単に突き抜けてしまうので、内側には革を貼り、底にはワインのコルクを半分に切ったものが入っています。

パテ（ビーズトレー）
Pâté

クロッシェケース
Étui à crochets

14

糸と布のこと

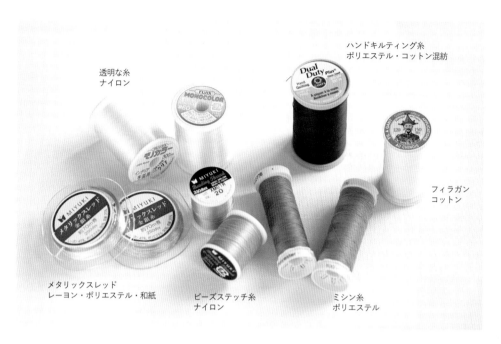

透明な糸
ナイロン

ハンドキルティング糸
ポリエステル・コットン混紡

フィラガン
コットン

メタリックスレッド
レーヨン・ポリエステル・和紙

ビーズステッチ糸
ナイロン

ミシン糸
ポリエステル

糸　Fils

糸は作るもの、土台の布、使用する素材の種類によって変えますが、ビーズ・スパンコールの刺繍では素材の小さい穴に通すので細い糸であることが前提です。ミシン糸60番程度の太さの糸ならクロッシェの70・80番で刺すことができます。色は基本的に素材の色に合わせますが、時には布の色に合わせたり、素材や布とは全く違う色を使ってコントラストを楽しむこともできます。丸小・丸特小ビーズやスパンコールをクロッシェで刺す時に多く使われるのが、コットンのフィラガンです。蝋引きしてあり、表面が滑らかで美しい糸です。大きな素材や立体的に刺す時、断面で糸が切れやすい竹ビーズを刺す時などは丈夫な糸を選びます。ポリエステル・コットン混紡のハンドキルティング糸や、ポリエステルのミシン糸などがおすすめですが、針で刺す場合ミシン糸は撚りがかかりやすいので、針を回して撚りを戻しながら刺していきます。また、肌に直接触れないものには布やビーズの色を選ばない透明な糸もおすすめです。ただし刺しづらいので初心者の方は使用を避けたほうがいいです。糸でラインを表現したい時は滑らかな「MIYUKIビーズステッチ糸」で刺すと美しい線ができますし、金銀糸を合わせれば印象的な表現ができます。

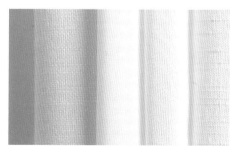

薄地の布　　　　**普通地・厚地の布**

布　Tissus

ビーズ刺繍はどんな布にも刺すことができます。薄いオーガンジーやモスリン、チュールなどはオートクチュールでもよく使われる布です。クロッシェは万能にどんな厚みの布にでも刺繍ができ、デニムや革などにも刺すことができます。私は個人的にリネンや正絹の着物地や帯地をよく使います。針で刺す場合は目のつまった布であればどのような布から始めても構わないと思いますが、クロッシェに慣れるまでは、刺繍枠の下の手が透けて見えるオーガンジーがおすすめです。作品を作る時は、作るものや仕立てまでを考えて布選びをしてみてください。

ビーズとスパンコール　本書で使用した主なビーズとスパンコールを紹介します。

ビーズ

本書では日本のMIYUKIグラスビーズを使用しています。もとになるガラスには透明、半透明、不透明のものがあり、そこから加工により彩色されたりコーティングされて美しい色合いが出来上がっています。加工によりそれぞれの見た目に特色があり、洗濯やクリーニングができるかどうかなどの取り扱い方法や、摩擦への強度なども異なってきます。作品をつくる際には、そういったことにも気をつけながらビーズを選んでみてください。

丸大 8/0
丸小 11/0
丸特小 15/0

丸ビーズ　Round Rocailles
一番よく使われるタイプのビーズです。特に丸小は色数も多く、微妙なニュアンスのトーンで色選びをすることができます。

六角特小 15/0

六角ビーズ　Hexagon Beads
六角形のビーズ。カットによる光の反射がきれいです。

竹 1.7x6
竹 1.5x3

竹ビーズ　Bugle Beads
フランス語ではチューブ(Tubes)と呼ばれ、オートクチュールの刺繍でも欠かせないビーズです。通常の竹ビーズの他に、ねじりを加えたツイストビーズなどもあります。

スクエア 4x4x4
スクエア 3x3x3
スクエア 1.8x1.8x1.8

スクエアビーズ　Square Beads
キューブ型のビーズです。丸ビーズとは全く違う表情で、表現のバリエーションを広げるのにぜひ使いたい素材です。

ドロップ 3.4
ロングドロップ 3x5.5

ドロップビーズ　Drop Beads
雫の形のドロップビーズは、真上から見ると小さなキャンディーのようで、他にはない印象を得られます。さらに長いロングドロップも、オリジナリティを演出できる秀逸素材です。

レクタングル 4x9

レクタングルビーズ　Rectangle Beads
存在感のある長方形。この大きさでひとつ穴というのが潔くて、個人的にとても好きなビーズです。

マガタマ 4mm

マガタマビーズ　Magatama Beads
ぽてっとした不思議なバランスのビーズです。さらに大きいロングマガタマも、ランダムな動きをする魅力的な素材です。

スパンコール

本書ではフランスのラングロワ・マルタン社のスパンコールを使用しています。スパンコールは水には耐性がありますが、熱には弱いという特徴があります。水洗いは可能ですが、アイロンがけやタンブラー乾燥、漂白剤の使用、ドライクリーニングはできません。作品を作る際には、素材の特性にも気をつけながら選んでみてください。

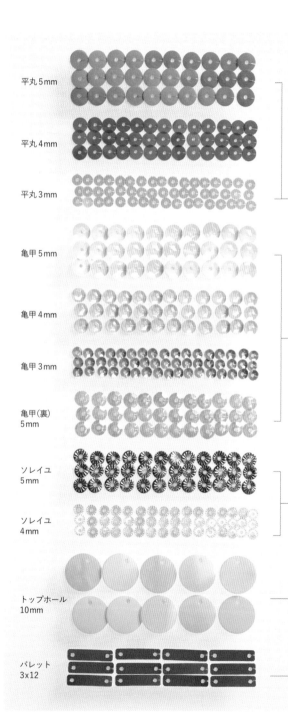

平丸5mm

平丸4mm

平丸3mm

亀甲5mm

亀甲4mm

亀甲3mm

亀甲(裏)
5mm

ソレイユ
5mm

ソレイユ
4mm

トップホール
10mm

バレット
3×12

平丸スパンコール　Paillettes

オートクチュールの刺繍で一番よく使われるタイプのスパンコールです。フランス語では「パイエット」と言います。

亀甲スパンコール　Cuvettes

フランス語で「キュベット」と呼ばれるカップ形のスパンコールです。へこんでいる方が表になります。丸みがあるので並べて刺すとボリュームが出ます。裏面を表にして使うと違った表情になります。

ソレイユ　Paillettes soleil

縁に放射状に溝が入ったスパンコール。その名の通り、太陽のように美しく輝きます。

トップホール　Top hole

穴が真ん中でなく端に1つ開いたスパンコールです。

バレット　Barrettes

長方形で両端に穴が開いたスパンコールです。実は正式な名称がなく、アトリエによっても呼び名が違います。私はバレットと呼んでいます。

スパンコールの加工

施された加工により見た目に違いがあります。それぞれの特色を覚えておくと、スパンコールを選ぶ時にとても役に立ちます。ここでは本書で使用したスパンコールの加工を紹介します。

イリゼ
Irisé
透明なスパンコールに虹色の光彩を帯びさせたもの。見る角度によって色がさまざまに変化します。

ポーセレン
Porcelaine
不透明で光沢があり、磁器のようなしっとりと滑らかな質感です。

オリエンタル
Oriental
ポーセレンに虹色の光彩をかけたもの。見る角度によって色がさまざまに変化します。

クリスタルリュストレ
Cristal Lustré
透明で光沢があります。糸や生地、重ねた素材が透けて見えます。

メタリック
Métallic
不透明で輝きのある金属色のスパンコールです。華やかなデザインにぴったりの素材です。

メタリックマット
Métallic Mat
不透明でつや消しの金属色のスパンコール。控えめな輝きが特徴です。

ペルリアン
Perliane
サテンビーズのような質感をもつ半透明のスパンコール。上品で落ち着いた表情を作れます。

ナクロラック
Nacrolaque
表は貝殻の真珠層のような輝きがあり、裏はマットのスパンコールです。

Bases de la broderie avec perles et paillettes
ビーズ・スパンコール刺繍の基礎

針とクロッシェ

クロッシェはビーズやスパンコールを早く、きれいに揃えて刺していくのに適しています。対して素材を立体に刺すなどの表現は針の得意技です（針とクロッシェについては、P.46 も参照してください）。

クロッシェのスタンバイ

クロッシェのかぎ針は柄から約1cm 出し、かぎの向きとビスの向きが同じになるように取り付けます。

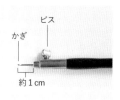

アンフィラージュ

クロッシェで刺す場合は、はじめに縫う糸にビーズやスパンコールを通しておく必要があります。これをアンフィラージュといいます。最初から糸に通して売られている「糸通しビーズ」や「糸通しスパンコール」は、縫い糸に通し直してから使います。

糸通しビーズの場合
①ビーズを通してある糸の端に輪を作り、縫い糸を通します。
②結び目から糸が抜けないように注意しながらビーズを縫い糸に移します。

バラビーズや、数種類をランダムに混ぜる場合
容器にビーズを入れ、糸を通した針をくぐらせます。

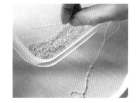

図案通りの順番に通す場合
パテに必要なビーズ・スパンコールを出し、針で順番通りに拾っていきます。この時、スパンコールの表裏(P28)に注意します。

糸通しスパンコールの場合
基本的に糸通しビーズと同じですが、スパンコールの表を糸巻きに向けて通します。

刺し始めと刺し終わり

ステッチ＝縫い目のことをポワン(point) といいます。本書では、ひと針目刺すことを「ポワンを入れる」と表現しています。刺し始めと刺し終わりには必ず、途中にもまめに小さなポワン(プチポワン)を入れることで糸が緩まずに素材がきちんと固定されます。

[刺し始め]
★針：糸端を玉結びにし、小さく十字に刺してすぐ脇から針を出し、十字の中心に糸を割るように刺してからビーズを入れて刺し始めます。

★クロッシェ：小さいポワンを３回行ったり来たりしてからビーズを入れて刺し始めます。

[刺し終わり]
★針：最後に刺した素材の下で小さいポワンをひとつ刺し、きっちりと玉留めをして糸を 2 〜 3 ㎜ 残して切ります。

★クロッシェ：同じ位置に３回重ねて刺して結び目を作り、糸を切ります。

クロッシェの基本の動き

★シュネット

ビーズを入れないクロッシェのステッチは、表がチェーンステッチ、裏がミシン目のようになります。これをシュネットといいます。糸だけで刺す時は、表から刺すか、裏から刺すかで線の見え方が違います。針目の長さや糸の色・種類を変えることで、糸だけでもさまざまな表現が可能です。

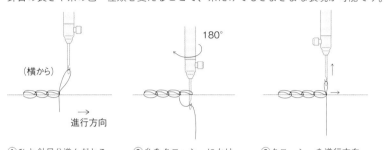

①ひと針目分進んだところにクロッシェを刺し込む。

②糸をクロッシェにかけ、クロッシェを半回転させる。

③クロッシェを進行方向に押しながら引き上げる。

④糸がクロッシェにかかった状態のまま半回転させて、かぎの部分を進行方向に向ける。

★ポワンリッシュ

シュネットを1本刺し、それを芯にして細かいジグザグを刺していきます。存在感のある糸のラインが出来上がりますが、このステッチは生地のほつれ止めとしてよく使われます。他の布をアップリケしたり、別の布の上で刺したものをカットしてパーツとして使う場合など、縁にポワンリッシュをして切り口のほつれを防ぎます。表は少し盛り上がりのあるライン、裏はより平らになります。図案により、表か裏かを使い分けます。そのまま縫い目のきわでカットしてもいいですが、ほつれ止め液などを塗ってからカットするとより安心です。

細かくジグザグ

シュネット

★花びらのパーツを作る場合、シュネットの代わりに針金を芯にしてポワンリッシュをします。きわでカットすれば針金により形状を保てるパーツが出来上がります。

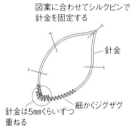

図案に合わせてシルクピンで針金を固定する

針金

針金は5mmくらいずつ重ねる

細かくジグザグ

★ポワンティレ

クロッシェの技法のひとつです。「ティレ」は「引く」という意味で、一度刺したポワンの糸を引いて元の位置に戻るステッチです。戻る時にビーズやスパンコールを入れることができます。面を埋めたり、竹ビーズを並べて刺したり、十字や放射状にビーズを刺したりする他に、スパンコールを刺すアングレーズやエカイユの時にも使います。

ポワンティレでビーズ3個をまとめて刺す場合

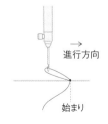

①ビーズ3個分離れた位置にクロッシェを刺し込む。

②糸をかけて180°クロッシェを回転させ、クロッシェを左に押しながら引き上げる。

③クロッシェを引いて、最初の位置に戻る。①②でできていた最初のチェーンはしぼんでなくなる。

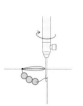

④最初の位置にクロッシェを刺し込み、ビーズ3個を入れて糸をかけ、180°回転させる。

⑤クロッシェを進行方向に押しながら引き上げる。

1.ビーズで線を表現する

いくつかの方法があり、それぞれ仕上がりが違います。
使い分けることで表現の幅が広がります。

★ひとつずつ刺す

線上にビーズをひとつずつ刺すことを、本書では「ラインで刺す」と表現しています。

★針：基本は返し縫いで刺します(a)。2個刺して1個戻り、というような返し
縫いをするとラインのブレが少なくなります(b)。ニットなど伸縮のある布に
は伸び縮みに対応できる並縫いで(c)。

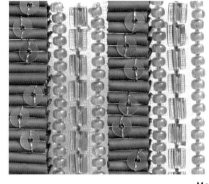

Motif 08

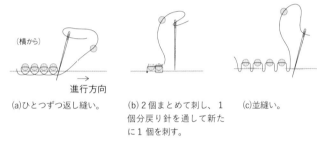

(a)ひとつずつ返し縫い。

(b)2個まとめて刺し、1
個分戻り針を通して新た
に1個を刺す。

(c)並縫い。

★クロッシェ：シュネット(P19)の動きと同じ。
ビーズを入れながら裏から刺します。

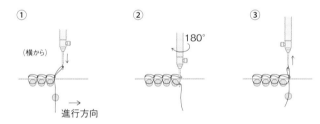

① ② ③

180°

(横から)

進行方向

★複数個をまとめて刺す

ひとつひとつ刺すのとはまた違った表情が生まれます。入れたビーズの長さで
刺せば滑らかなラインに、ビーズの長さよりも短い針目で刺せばブリッジとな
ります。複数個をまとめて刺すと糸が緩みやすくなるので、ところどころで小
さいポワンを入れながら刺し進めます。

Motif 24

★針：針：刺したビーズの下で小さいポワン(返
し縫い)を入れながら進みます。

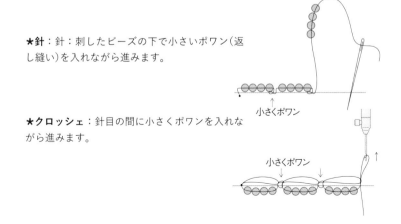

小さくポワン

★クロッシェ：針目の間に小さくポワンを入れな
がら進みます。

小さくポワン

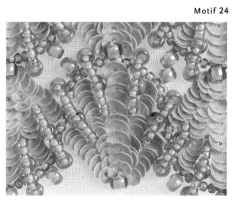

★間に空ポワンを入れながら刺す

規則的に空ポワンを入れたり、ランダムに入れたり、ビーズとの間に空ポワンを挟むことで軽いラインを作ることが出来ます。

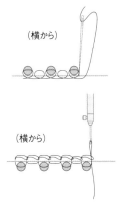

（横から）

★針：空ポワンの部分は、同じ長さの針目で返し縫い（場合によっては並縫い）をします。

（横から）

★クロッシェ：規則的に入れる空ポワンはビーズと同じ針目で入れるときれいなラインに仕上がります。

★コーチングステッチ

糸にビーズをまとめて通し、図案線に沿わせてところどころを布に留めつけていく針の技法です。

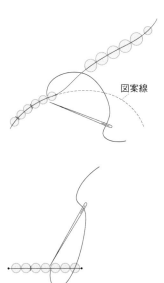

図案線

★長い距離を刺す：針と糸を2本用意します。図案線の始まりから芯となる糸を出し、ビーズを通します。図案線に沿わせながら、別糸で布に留めていきます。

★短い距離を刺す：図案線の始まりから糸を出し、ビーズを必要分通します。図案線の終わりに針を刺し込み、小さいポワンを刺して留めます。ビーズの脇から針を出し、芯糸を留めていきます。

布に留める位置や回数は、作るものや土台の布によって変わります。アクセサリーなどしっかりとつけたい場合はビーズひとつずつかふたつずつの間を留めます。短い距離なら真ん中を、カーブがある図案なら曲がる前後を留めるとカーブの形がきれいに出ます。

2.ビーズを立たせる・スパンコールをビーズで留める

針で刺す表現です。ビーズ・スパンコールの数や針の通し方で、ボリュームの
ある立体表現も可能となります。

★基本の立たせ方
図のように一番上のビーズを除き、糸をもう一度
軸のビーズに通して布の同じ場所に針を刺し込み
ます。一度に通すビーズの数が多くなると糸が緩
みやすくなります。ところどころに留めの小さい
ポワンをしながら進めます。

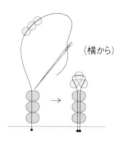

（横から）

★輪に立たせる・ブリッジを作る
ビーズを複数個通し、最初に糸を出した近くに針
を入れます。ビーズの数を奇数にすると形が決ま
りやすいです。また、針を入れる位置を少し離す
と、ビーズが弓形を描きブリッジとなります。

（横から）

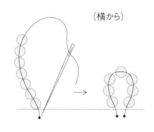

（ブリッジ）

★ビーズでスパンコールを留める
スパンコールの穴から針を出し、ビーズを通して
スパンコールの穴に刺し込みます。ビーズの数は
1個でも複数でもいいですが、奇数の方が形がき
れいにおさまります。

Motif 67

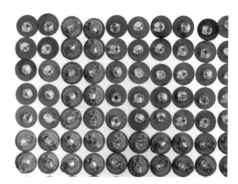

ドロップビーズを先端に入れて立たせ、ぽってり
とした雄しべを表現しています。

3.スパンコールで線を表現する

スパンコールで線を刺すステッチはいくつかあり、それぞれに特徴があります。
見かけの違いはもちろんですが、作るものの用途に適した刺し方をすることも
大切です。縦の線を刺す場合は下から上に刺していきます。

★トゥッシュトゥッシュ

「トゥッシュトゥッシュ」はフランス語で、「触れるくらい非常に近い」という意
味の言葉です。スパンコールとスパンコールの間に隙間がないように刺してい
きます。片側だけに糸が見える刺し方です。

★**針**：返し縫いの要領で、片側だけを留めていきます。
スパンコール1枚分先に針を出し、1枚とり、真ん中に針を入れます。

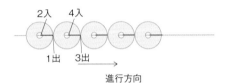

★**クロッシェ**：間に空ポワン（スパンコールの半分の長さの針目）をひとつ入れ
ながら刺していきます。

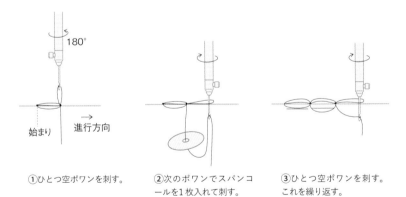

①ひとつ空ポワンを刺す。

②次のポワンでスパンコ
ールを1枚入れて刺す。

③ひとつ空ポワンを刺す。
これを繰り返す。

★リヴィエール

「リヴィエール」は「川」という意味で、その名の通り水が流れるように滑らかに
スパンコールをつけていく刺し方です。スパンコールが半分ずつ重なって、糸
は見えなくなります。少しの針目の長さの違いにより表情が違います。縦の線
を刺す場合は下から上へ刺します。

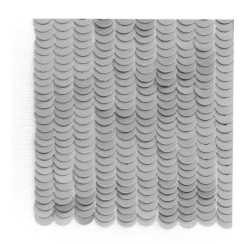

★針：返し縫いの要領で、スパンコール1枚の半分の長さずつ進みながら、片
側だけを留めていきます。スパンコールの表から針を通します。

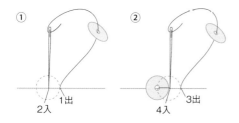

★クロッシェ：ひと針目に1枚ずつスパンコールを入れていきます。針目の長
さをスパンコール1枚の半分よりも少し短くすると、穴が見えなくなります。

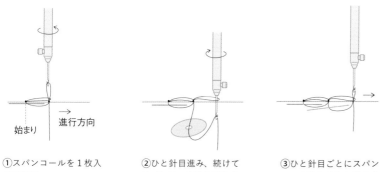

①スパンコールを1枚入
れて刺す。

②ひと針目進み、続けて
スパンコールを1枚入れ
て刺す。

③ひと針目ごとにスパン
コールを1枚入れるのを
続ける。針目の長さがずっ
と同じになるように刺し
進める。

＊アングレーズ

スパンコールの両側を留めるステッチです。ぴったりと生地につくので、どちらの方向から進んでもいいですが、クロッシェで刺す場合は片側に2本糸が渡るので、ひとつの作品の中では常に同じ方向から刺します。

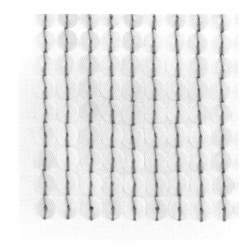

＊針：中心から出し、両脇を留めるをくり返します。

進行方向

①最初のスパンコールの中心になる位置から針を出し、スパンコールを1枚入れて進行方向と逆側に針を入れる。

②反対側から針を出す。

③中心に刺し込む。

＊クロッシェ：ポワンティレをしながら進んでいき、スパンコールの穴にクロッシェを刺し込みます。70番の一番細いかぎ針がお薦めです。

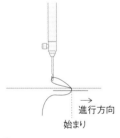

進行方向
始まり

①スパンコールを1枚入れて、進行方向と逆にスパンコールの半径分の長さを戻る。

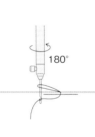

②スパンコールを留める。

③クロッシェを進行方向に引いて、スパンコールの穴まで戻る（ポワンティレ）。

④穴に差し込んで1ポワンする。

⑤スパンコールの片側が留まったところ。クロッシェを半回転させて進行方向に向ける。

⑥進行方向に進んでスパンコールの反対側も留める。

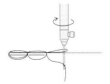

⑦ひと針目進む。

⑧進行方向と逆に引きポワンティレでひと針目戻り、スパンコールを1枚入れて1ポワン刺す。

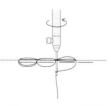

⑨スパンコールの片側を留める。

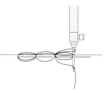

⑩進行方向にひと針目進んでスパンコールの穴に入れ、1ポワン、もうひと針目進んで1ポワン刺し、両側を留める。⑦〜⑩を繰り返す。

4.スパンコールで面を埋める

スパンコールで面を埋めるには、線を並べて刺す方法と「エカイユ」というステッチで埋める方法があります。

★エカイユ

「エカイユ」は魚のうろこのこと。スパンコールを重ねて刺していき、面を埋めるステッチです。1段目の隣り合うスパンコールがほんの少し重なるように刺すとすき間がなく、仕上がりがよりきれいになります。

★針：図のように、斜めに糸を渡して進んでいきます。透ける生地に透明なスパンコールをつけるなど、斜めに渡る糸が見えてしまう場合は、クロッシェで刺すように針の進み方を変えます。

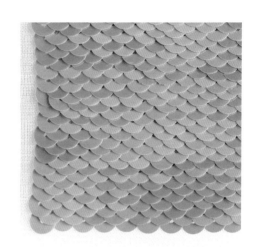

★クロッシェ：1段目、2段目と、段ごとに進んでいきます。ポワンティレをしながらスパンコールを留めていきます。

1段目
①ポワンティレでスパンコールを1枚刺す。
（戻る時にスパンコールを1枚入れる）
②横にひとつ空ポワン。
（スパンコール1枚分の長さよりも少し短い針目）
③ポワンティレでスパンコールを1枚刺す。
④②③を繰り返して1段目を刺す。

2段目
⑤2段目は1段目で刺したスパンコールの間に入るように刺す。ポワンティレを刺す時に、1段目の糸を超えて刺し込む。
⑥3段目、4段目も、⑤同様に、前の段のスパンコールの間に入るように刺していく。

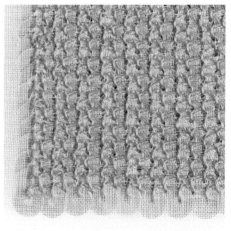

裏から見たところ。

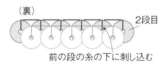

裏

5.ヴェルミッセルがベースのステッチ

クロッシェで面を埋めるのによく使われるステッチがヴェルミッセルです。常に方向を変えながら進みます。とても汎用性が高く、いろいろな場面で使いやすいステッチです。

★ヴェルミッセル

くねくねと曲がりながらビーズやスパンコールをいろいろな向きに刺していく手法です。基本のステッチは、空ポワンをひとつずつ入れながら刺します。

★針：基本的にはクロッシェのテクニックですが、針で刺す場合はひと針ひと針ビーズが違う方向を向くようにします。次に向かう方向と反対側に針を入れます。

★クロッシェ：常に向きを変えて刺し進めます。基本のヴェルミッセルはビーズまたはスパンコールの間にひとつ空ポワンを入れます。

  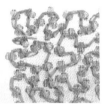

裏

裏

★キャビア

空ポワンを入れずに、ビーズを詰めて刺すヴェルミッセルを「キャビア」といいます。ビーズですき間なく面を埋めると、まるでキャビアのようになります。

空ポワンを入れずに詰めてビーズを刺したキャビア。

★ムース

ヴェルミッセルを2つ重ねて、スパンコールをビーズの間に立たせたステッチ。まず、ビーズで空ポワンをひとつ入れながらヴェルミッセルを刺し、その上に空ポワンをひとつ入れたヴェルミッセルをスパンコールで刺します。後から刺すスパンコールのヴェルミッセルは最初に刺したヴェルミッセルの線に重ならないように刺し進めます。平丸と亀甲で出来上がりの感じが違います。

 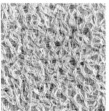

裏
スパンコールを2種類使い、模様をつけたムース。裏にはシュネットが重なります。

知っておきたいスパンコールのこと

表と裏の見分け方

スパンコールには表と裏があります。クロッシェで刺す場合に糸通しのスパン
コールを使用する時は、表側を縫う糸に向けてアンフィラージュします。

〈平丸スパンコール〉
見分け方1：糸通しスパンコールを手で触った感
触で見分けます。垂らした状態（指で押さえて、
スパンコールの通っている糸が緩んでいない状
態）で上から指でなでて、引っかかりがなくスム
ーズな方の上が表です。

平丸スパンコールは、表裏
の見分けが難しいものもあ
ります。どうしても判断が
つかない場合はどちらかに
決め、ひとつの作品の中で
向きがバラバラにならない
ようにします。

見分け方2：目で見分ける方法です。表側の方が
ほんの少しふくらんでいます。逆にへこんでいる
方が裏です。またはフチに、型抜きの時にできる
かすかな出っ張りがある方が裏になります。

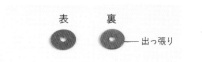

表　　裏

表

裏

〈亀甲スパンコール〉
平丸とは逆で、へこんでいる方が表、ふくらんで
いる方が裏です。ただし、ふくらんでいる方を上
にして使う場合もあります。モチーフや表現によ
って変えます。

表　　裏

刺す時の方向

ビーズはどの向きから刺しても問題ありませんが、スパンコールには方向があ
ります。トゥッシュトゥッシュやリヴィエール、エカイユは、上から下に手で
なでて滑らかになるように刺します。したがって、縦のラインでは下から上に
向かって刺していきます。また、横のラインもひとつの作品の中では同じ方向
になるように刺します。

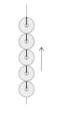

トゥッシュトゥッシュ

リヴィエール

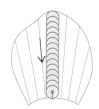

花びらを刺す場合には、外か
ら内に向かって刺します。

モチーフ集

線　　線を並べて面を作ったモチーフです。シンプルな単位の繰り返しなので、
1本や数本を取り出して好きな太さと長さで使えます。
基本のステッチやその応用で構成した使い勝手のいい図案です。

格子　　格子模様はいろいろな場面に活躍する人気の柄。スパンコールとビーズで作ると
ボリュームが出て、印象的なチェック柄が際立ちます。

バリエーション　　いろいろな模様で面を埋めたモチーフです。デザインもステッチもさまざまで、
応用できるアイデアがたくさん詰まっています。

切る・折る　　スパンコールはやわらかいので切ったり、折ったり、自分で加工することができます。
ここでは大きなスパンコールや長方形のパレットを中心に、立体感を楽しんで
刺繍できる図案を作りました。

植物　　小さな花から樹木まで、タイプの違ういろいろな植物をデザインしました。
自然が織りなす美しいハーモニーを刺繍で表現。
日々の暮らしに取り入れたいモチーフが揃いました。

3Dフラワー　　花びらを別の布に刺して作ったものを切り取り、立体的に縫いつけたモチーフです。
ふんわりとしたやわらかい花から、形のはっきりとしたものまで、
さまざまな技法でニュアンスの違いを表現しています。

レリーフ　　ヨーロッパの建築に見られる浮彫の模様からインスピレーションを得て
デザインをしました。古くからある意匠から展開した模様には、
アンティークのような少しくすんだ色合いを選んでいます。

ガロン　　フランス語で縁飾りを意味するガロン。細くて使いやすいモチーフの中にも、
テクニックをたくさん盛り込んでいます。いろいろな縁を飾ってください。

刺し方について

・**針**＝針のみで刺せる

・**クロッシェ**＝クロッシェのみで刺せる

・**クロッシェ+針**＝部分的にクロッシェと針を
　　使い分けて刺す。

本書で紹介しているモチーフは、以上の3パターンのいずれかで刺すことができます。基本的にクロッシェでできることは針でもできることが多いですが、クロッシェのほうがきれいに刺せる場合もあります。
特におすすめの方法には、　　　がついていますので参考にしてください。

難易度について

★　　初心者でもほぼ再現できる

★★　　中級者かある程度クロッシェが
　　　使える人向け

★★★　　糸の引き具合など、手加減にコツが
　　　必要なので上級者向け

土台となる布や仕上げる作品によって変わりますので、あくまでも目安にしてください。
同じ図案でも針とクロッシェでは難易度が違いますが、難しい方に合わせて★をつけています。
ただし、難しいと感じるかどうかは個人差があります。

その他

・特に記載がない場合、針の刺繍は布の表から、クロッシェの刺繍は布の裏から刺します。クロッシェで表から刺す場合は、その旨記載してあります。

・糸は特に指定のないものは60番程度の太さのポリエステル糸か透明な糸を使っています。

・図案は特に指定のないものは5mmの方眼です。

・本書で紹介するビーズの名称、品番はMIYUKIのものです。スパンコールはフランス製です。
P.127にMIYUKIビーズで取り扱いのあるスパンコールを紹介しています。

01　ステップ・バイ・ステップ

1段目、2段目と、段ごとに素材の位置をずらして作った模様です。素材を並べて刺すだけの単純な線でも、ちょっとずらして刺すだけで印象がガラリと変わります。

＊
針／クロッシェ

ビーズを並べて刺していく時は、針目の間隔がせますぎないように気をつけて刺します。特に竹ビーズを詰めすぎると刺繍枠から外した時に、いくつかビーズが浮き上がってしまいます。

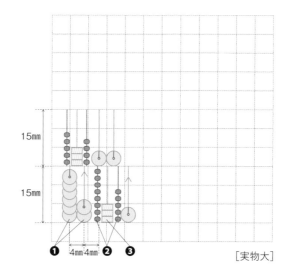

❶Aをリヴィエールで刺す。刺す方向は下から上に向かって。

❷Cをラインで刺す。

❸②で刺した2本のCの中央にBを並べて刺す。
クロッシェで刺す場合は、ひとつポワンティレで水平に刺した後、Bの厚み分の空ポワンをひとつ刺して次のBを刺す、という要領で刺し進める。

[実物大]

A 平丸4mm P4（イリゼ オリーブグリーン）
B 竹 1.5×3 #193F（ベージュゴールドマット）
C 丸小 11/0 #2006（こげ茶マット）

02　ヘリンボーン

ドゥミ・ド・ダンという刺し方と、スパンコールの上に斜めに竹ビーズを刺していくちょっと高度な刺し方を合わせました。透明なビーズがソレイユの金を映し出すとてもきれいな組み合わせです。

★★★
クロッシェ

竹ビーズを中心にすき間なく刺し、その両側にぴったりとスパンコールを細かい針目で刺すと、スパンコールが斜めについて山形になるド・ダンという刺し方になります。ここでは片方だけにスパンコールを刺すのでドゥミ・ド・ダン（ドゥミは半分という意味）。針目を小さくきっちりと刺すクロッシェならではの刺し方です。

❶ Cをラインで刺す。

❷ ①で刺したCのすぐ脇にAを針目の細かいリヴィエールで刺す。刺す方向は図案の下から上へ。
＊AがCに半分のり、斜めにつく。ドゥミ・ド・ダンという刺し方。

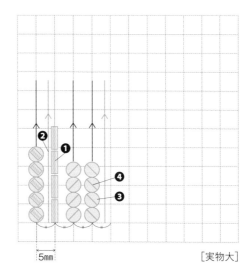

❸ Bをメタリックスレッドで、下から上へトゥッシュトゥッシュで刺す。

❹ ③で刺したBの上に、斜めにDをポワンティレで刺す。

⬭ 空ポワン
⬭ ポワンティレでDをひとつ刺す

5mm

［実物大］

A 平丸 4mm P4（イリゼ オリーブグリーン）
B ソレイユ 3mm PS3（ライトゴールド）
C 竹 1.7×6 #2442（オーロラクリスタル）
D 竹 1.5×3 #2442（オーロラクリスタル）
糸：MIYUKIメタリックスレッド（ライトゴールド）

03　ヘリンボーンツリー

V字に刺したスパンコールの間に一本ビーズの線を刺したら、ヘリンボーンの木のようになりました。
色調の違う丸小ビーズを使って小さな実を添えています。

★
針/クロッシェ

スパンコールのV字は一筆書きの要領で刺していきます。最後の丸小ビーズは三角形に刺してもいいですし、ポワンティレで中心に向かうように3つ刺してもかわいいです。

❶中心に向かって4枚ずつA
またはBをリヴィエールで刺
す。クロッシェの場合は一筆書
きの要領で。

始まり　　　　留め

→　スパンコールを入れる
┈▶　シュネット

❷DEFをランダムに混ぜ、中
心はラインで刺し、左右のスパ
ンコールに向けてひとつずつ
ビーズを入れながら刺す。
クロッシェの場合はDEFを1
:1:1の割合で混ぜてアンフィ
ラージュし、スパンコールにビー
ズを入れる時はポワンティ
レで刺す。

❸Cを3個ずつ、三角形に刺す。

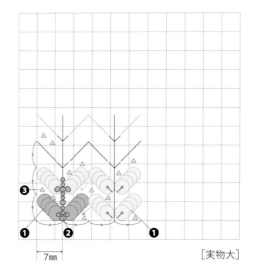

❸
❶　❷　　　❶

7mm

［実物大］

A 平丸 4mm P4（メタリックマット　黄緑）
B 平丸 4mm P4（メタリックマット　ターコイズ）
C 丸小 11/0 #3733（びわ色）
D 丸小 11/0 #152F（グレーマット）
E 丸特小 15/0 #152F（グレーマット）
F 丸特小 15/0 #4251（シャイングレー）

04　Vリピート

Vの字を繰り返した図案ですが、角のある「ひつじ」が連なった文様のようにも見えます。顔の黒いひつじたちが整列していると想像すると、かわいさが増してきます。

＊＊
針／クロッシェ＋針

図案線の中にスパンコールの端を収めていきます。始まりのポワンをする位置を意識して、位置が同じになるように揃えます。スパンコールを複数枚まとめてリヴィエールで刺す時は、針目が小さくなりすぎないように注意。

❶Aを刺す。図案の正方形の内側におさまるよう、中心に向けて斜めに糸が渡るように刺す。

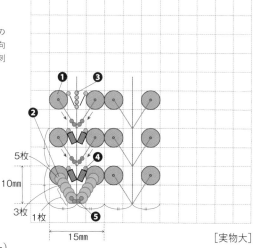

5枚
10mm
3枚　1枚
15mm
［実物大］

❷①で刺したAに重なるようにBを5枚まとめて刺し、次に3枚、1枚と数を減らしながら中心に向けてリヴィエールで刺す。
クロッシェの場合、最初の5枚はAの外側で糸留めをし、Aの穴に入れてポワンティレで刺す。

❸Dをラインで刺す。

❹CDをV字形に刺す。

❺Eを2個ずつ刺す。②で刺した最後のBの穴に針を入れる。

A 平丸5mm P5（メタリックマット　ダークグレー）
B 亀甲3mm C3（ペルリアン　ライトグレー）
C 竹1.5×3 #401F（黒マット）
D 丸特小15/0 #4250（ローズグレー）
E 丸特小15/0 #152（グレー）

05　ビーズオン

スパンコールの上にビーズをのせてアクセントに。同系色や透明素材を合わせると表情豊かなストライプになります。隣り合うスパンコールの位置をずらしたり異色の組み合わせでバリエーションが楽しめます。

★
針/クロッシェ

ビーズを刺した針目は、ビーズの大きさの2倍の長さになっています。スパンコール半分の長さにビーズをひとつずつ入れていけば、ビーズがラインで並ぶ感じになります。

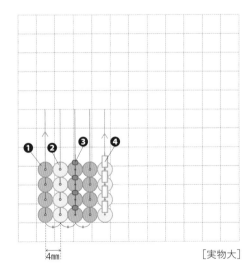

刺す方向はすべて下から上へ。
❶Aをトゥッシュトゥッシュで刺す。

❷Bをトゥッシュトゥッシュで刺す。

❸①のAの穴から穴をひと針目とし、Dをひとつずつ入れながら刺す。

❹②のBの穴から穴をひと針目とし、Cをひとつずつ入れながら刺す。

4mm

[実物大]

A 平丸4mm P4（オリエンタル ダックブルー）
B 平丸4mm P4（オリエンタル ライトグレー）
C 竹1.5×3 #2442（オーロラクリスタル）
D 丸小11/0 #347（ネイビーブルー）

06　双方向ストライプ

スパンコールを刺す原則からちょっと外れて、上から下からと交互に刺して作ったストライプ。素材の向きが変わると光の反射が変わって印象が違って見えます。

★★
クロッシェ

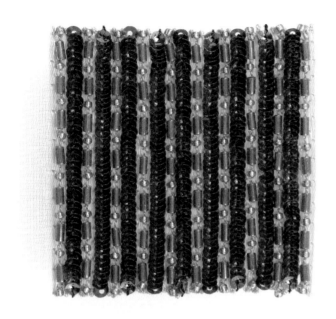

スパンコールは基本的に上からなでて滑らかになる方向に刺しますが、この図案は両方から刺します。逆向きだと引っかかりができるので、針目をごく小さくして、密度の濃いラインを作り、引っかかりが極力ないようにします。

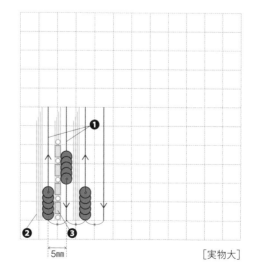

[実物大]

5mm

❶Aをリヴィエールで刺す。針目を小さく、1本ごとに刺す方向を変える。

❷①で刺したAの間をビーズステッチ糸で、シュネット（表から刺す）を4本刺して埋める。

❸②の中心にC1個、B1個を交互に刺す。始めと終わりはCになるように調節する。

A 亀甲 3mm C3（イリゼ ウルトラマリンブルー）
B 竹 1.5×3 #314（クリアナイトブルー）
C 丸特小 15/0 #4272（シャイニングイエロー）
糸：MIYUKIビーズステッチ糸 Col.20（カーキ）

07 スパンコールグラデーション

クロッシェでスパンコールを刺す時、誤って2枚入れてしまうことがありますが、ここはあえて複数枚まとめて、しかもボリュームを変えて刺すことで、色と立体感のグラデーションを生みだします。

★★
針/クロッシェ

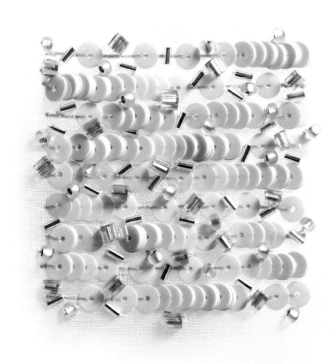

スパンコールを何枚かまとめて刺す時は、針目の長さでつき方が変わってきます。この図案では枚数を多く入れた時は針目を少し長めに刺します。束になったスパンコールが斜めに倒れて、仕上がりがきれいです。

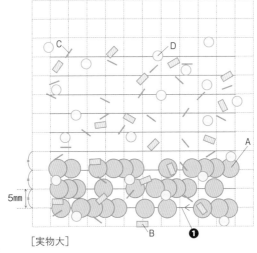

❶Aを1〜5枚ずつランダムに入れながらラインを刺す。針目の長さ、空ポワンの数を変えながら。

❷BCDを散らすように刺す。

5mm

[実物大]

A 平丸5mm P5(オリエンタル オレンジピンク)
B 竹1.5×3 #23(パールピンク)
C スクエア3×3×3 #3423(クリスタルベージュ)
D 丸大8/0 #23F (パールピンクフロスト)
糸：MIYUKIビーズステッチ糸 Col.4(うす茶)

08 スパンコールオン

ぴっちりと整列した竹ビーズの上に透明なスパンコールをのせました。色が透けたそのニュアンスカラ
ーと、トーンの違うピンクが並んだ上品なストライプです。

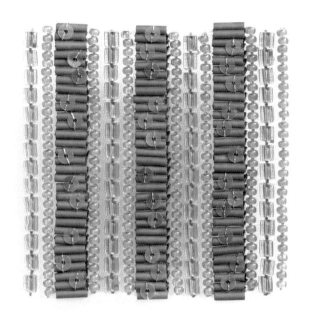

竹ビーズは、幅を意識してすき間がないようにぴ
っちりと刺すと、スパンコールを上にのせた時に
きれいです。幅がせますぎると浮き上がってきて
しまうので注意です。

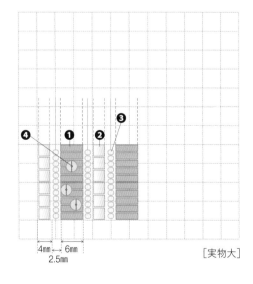

❶Cを水平に並べて刺す。ク
ロッシェで刺す場合はポワンテ
ィレで。

❷Bをラインで刺す。

❸①と②で刺したCとBの間に
Dをラインで刺す。

❹①で刺したCの上に、Aを両
側を留めながらメタリックスレ
ッドでランダムに刺す。

4mm ← 6mm
2.5mm

［実物大］

A 平丸3mm P3（イリゼ クリスタル）
B スクエア3×3×3 #3423（クリスタルベージュ）
C 竹1.7×6 #2034（スモーキーピンク）
D 丸小11/0 #HB279（ペールピンク）
糸：MIYUKIメタリックスレッド（シルバー）

09　バレット配列

丸いスパンコールとは違う印象を受ける長方形のバレット。規則正しく配列して面を埋めると美しいタイルの壁のようになります。ビーズを加えて、縦の線を強調したモチーフです。

★
針

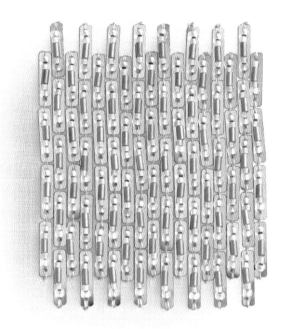

規則正しく素材が並ぶモチーフは、針の出し入れの位置がずれないように図案に忠実に刺すことが大切です。バレットは2つ穴で、いろいろな使い方ができる素材ですが、きれいに並べて刺すだけではっとするほど美しい配列が生まれます。

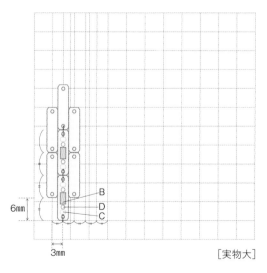

6mm

B
D
C

3mm

［実物大］

❶3mm間隔に図案線を描き、線上にAを刺す。隣の列は互い違いになるように刺す。

（横から）

A

❷Aの上に、CDBDCをまとめて刺す。

A バレット 3×12（メタリック　ライトゴールド）
B 竹 1.5×3 #193F（ベージュゴールドマット）
C 丸小 11/0 #1901（ホワイトフロスト）
D 六角特小 15/0 #2235（グレイッシュホワイト）

10 立体交差

バレットとスクエアビーズで棚を作っていきます。上から見ると縦横に並んでいるだけのようですが、2段、3段の棚が交差しています。長方形、2つ穴のバレットならではのモチーフです。

★★
針

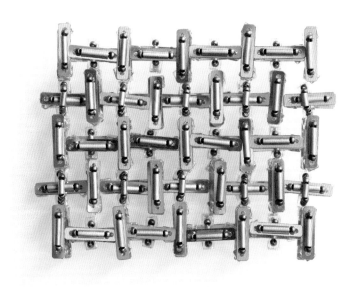

一度にたくさんの素材をまとめて刺していくので、毎回留めのポワンをしていきます。透ける布に刺す時は、移動の途中で裏側に渡る糸が見えないように、一番下にくるバレットの下でプチポワンを入れながら移動します。

❶ 縦の列を刺す。

C
E
B
A
（横から）

❷ ①同様、横の列を刺す。

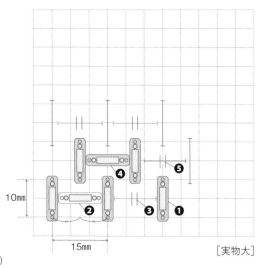

10mm

15mm

［実物大］

❸ ②の真ん中の脇から針を出し、BEDを通し、②の2段目の間に針をくぐらせる。さらにEBを通し、反対側に針を入れる。

②で刺したA
D
E
B
（横から）

❹ ①の段を1段減らして横の列を刺す。

C
E
A
B
（横から）

❺ ④をまたぐようにB1個、E3個、D1個、E3個、B1個でブリッジをかける。

A バレット 3×12（メタリック ライトゴールド）
B スクエア 3×3×3 #3423（クリスタルベージュ）
C 竹 1.7×6 #193F（ベージュゴールドマット）
D 竹 1.5×3 #193F（ベージュゴールドマット）
E 丸特小 15/0 #2069（玉虫マット）

11　黄金配列

ゴールドの素材を小さな単位の繰り返しで規則的に配置してモザイクのような効果を。バレットは平らにつけるのと立ててつけるのとでは印象がガラリと変わります。その両方を取り入れたモチーフです。

★★
針

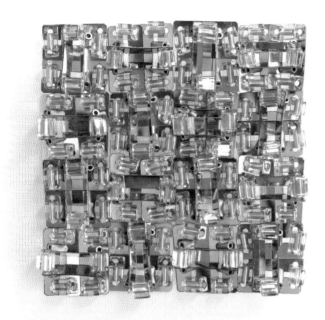

図案線は、針を出し入れする点を描いていきます。同じ単位の繰り返しなので、点だけでは分からなくなってしまいそうでしたら、ベースに刺すバレットが縦か横かの線を引いておくと、混乱せずに刺し進めることができます。

❶A、B、Aを図のように刺す。Aが平らに2本並び、真ん中にBがのる形。Aのもうひとつの穴も同様にBを通して留める。ひとつのマス目にAが4本並ぶ。

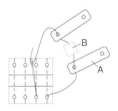

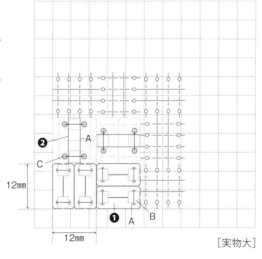

12mm

12mm

❷①で刺したAの間から針を出し、CABACの順に通して刺す。Cが斜めに外側に向かって立ち、AがBの両側に立つような形になる。同様に反対側のバレットの穴にCとBを通して刺す。

[実物大]

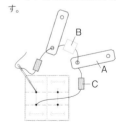

（横から）

A バレット 3×12（メタリック ライトゴールド）
B スクエア 3×3×3 #3423（クリスタルベージュ）
C 竹 1.5×3 #193F（ベージュゴールドマット）

12　ダブルチェック

縦横と斜めの格子を組み合わせてダブルのチェック柄に。3㎜の亀甲スパンコールを小さな花びらに見立てた、可憐な印象の格子模様です。

★★
針/クロッシェ

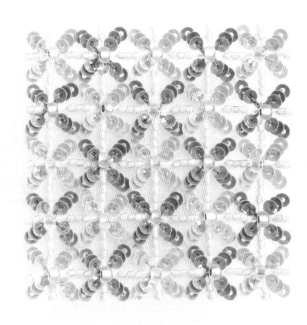

クロッシェの場合、なるべく糸を切らずに刺せるように考えます。透明なスパンコールではできませんが、メタリックやポーセレン、オリエンタルなどオパックのスパンコールの時は、図案内の移動をシュネットですることができます。

❶Dを3個ずつ入れながら縦と横の列を刺す。ビーズとビーズの間はシュネットで。

❷Aを四隅の角から中心に向かって3枚ずつリヴィエールで刺す。

中心に向かう時Aを3枚ずつ刺す。
始まり

❸②と同様にBで刺す。

❹②、③の中心にCをひとつずつ刺す。ビーズの向きを揃えて糸が水平に渡るように刺す。

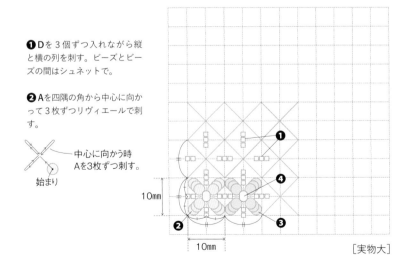

10mm
10mm
[実物大]

A 亀甲 3㎜ C3（オリエンタル　マスタード）
B 亀甲 3㎜ C3（オリエンタル　ブルーグレー）
C 丸大 8/0 #1F（フロストクリスタル）
D 六角特小 15/0 #2235（グレイッシュホワイト）

13 フィルアップ・1

表面にイリゼ加工がしてあるオリエンタルのスパンコールは、面の中で微妙な色の変化が楽しめる素材。
光を反射して輝く亀甲スパンコールを間に入れて光沢をプラスしました。

★
針/クロッシュ＋針

針目を均一に刺していくことが大切な図案です。
碁盤の目のように案内線を引くと刺しやすくなり
ます。平丸スパンコールの中心に刺すビーズは針
で刺しています。クロッシュで刺すとスパンコー
ルの両側に糸が渡ることになります。

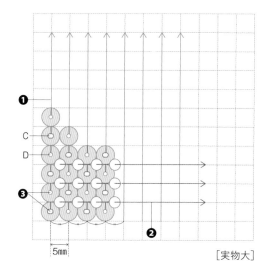

❶縦の列をAでトゥッシュトゥッ
シュで刺す。刺す方向は下か
ら上。

❷横の列をBで刺す。①で刺
したAのすき間にBが入るよう
に、空ポワンを入れながら刺す。

❸Aの中心にCとDを交互に
針で刺す。

[実物大]

A 平丸 5mm P 5 (オリエンタル ベージュ)
B 亀甲 3mm C 3 (イリゼ ライトマロン)
C 丸小 11/0 #2250 (エクリュ)
D 六角特小 15/0 #2235 (グレイッシュホワイト)

14　フィルアップ・2

スパンコールをアングレーズで刺すと、糸も模様にすることができて新鮮です。優しいピンクの素材を重ねることで、穏やかな春のイメージが出来上がりました。

★★
針／クロッシェ＋針

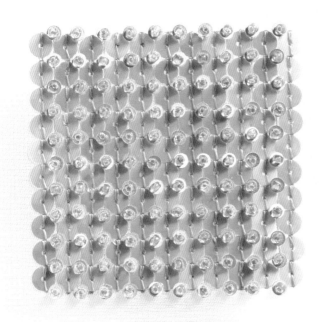

13同様、最初に刺すスパンコールの縦横をきっちりと揃えることが大切な図案です。図案線を格子に引いて、スパンコールの位置がずれないように注意しながら刺し進めます。

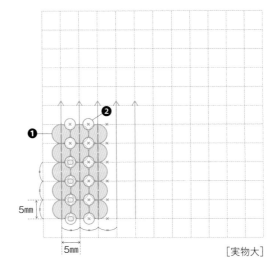

［実物大］

❶Aをビーズステッチ糸でアングレーズで刺す。刺す方向は下から上。

❷AのすきまにCBCを立てる。

C
B
C
（横から）

A 平丸 5mm P 5（オリエンタル　オレンジピンク）
B 平丸 3mm P 3（メタリックマット　シルバー）
C 丸小 11 / 0 HB 279（ペールピンク）
糸：MIYUKI ビーズステッチ糸 Col. 4（うす茶）

15 重ね格子

縦横の格子と斜め格子の組み合わせ。最初に平らなスパンコールだけで組み、ビーズで立体感を加えていきます。ブリッジの途中に入れたロングドロップがあちこちに首をかしげてかわいい雰囲気です。

★★
針/クロッシェ

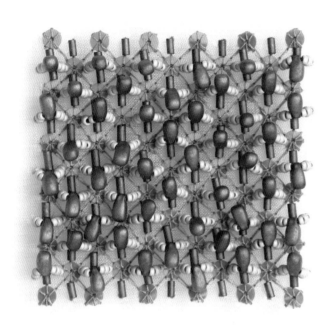

クロッシェの場合はビーズを順番通りにアンフィラージュします。スパンコールの穴に何度か刺すので、クロッシェはいちばん細い70番を使うのがおすすめです。

❶斜め上に向かって、Aをアングレーズで刺す。間に1目空ポワンを入れる。

❷①を刺した列と反対の斜めの列を糸だけで刺す。①のAの上に糸が斜めに渡るように。

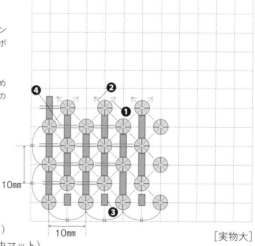

10mm

10mm

[実物大]

❸縦の列にCを刺す。始めと終わりにはDを入れる。①で刺したAの上は糸だけを渡す（中心の穴にクロッシェまたは針を入れて、上下を留める）。

❹③と交差する横の列を刺す。Cの上にF E F＋B＋F E Fでブリッジをかける。Aの上は、左右に糸を渡す。クロッシェの場合はまとめて刺したあと、留めのプチポワンを入れてから次に進む。

（横から）

A 平丸4mm P4（オリエンタル オリーブグリーン）
B ロングドロップ 3×5.5 LDP 2035（ライト玉虫マット）
C 竹 1.7×6 #2035（ライト玉虫マット）
D 竹 1.5×3 #2035（ライト玉虫マット）
E 丸小 11/0 #4201F（アイボリー）
F 丸特小 15/0 #4201F（アイボリー）

16　ラティスガーデン

竹ビーズで組み上げたラティスのような格子の中に、行儀よくビーズとスパンコールを立てて、まるで
花が咲き誇る庭のような情景になりました。

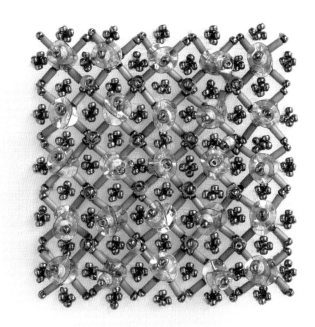

素材をまとめて刺す時は、プチポワンを入れなが
ら進めます。糸の緩みがなく、きれいに仕上がり
ます。スパンコールを折るときは力を入れすぎな
いように。特に亀甲スパンコールは力を入れすぎ
ると割れてしまうことがあります。

❶斜めにDBDをまとめて刺
す。クロッシェで刺す場合はア
ンフィラージュをして、途中で
空ポワン、プチポワンを入れな
がら斜めの線を刺していく。

プチポワン
空ポワン

❷Dを十字に4個刺す。クロッ
シェの場合はポワンティレで。

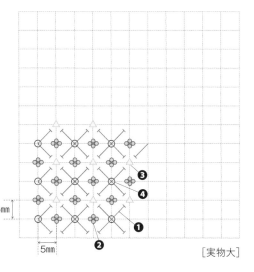

5mm

5mm

❶
❷
❸
❹

［実物大］

❸Aを半分に折る。ACDを図
のように刺す。

D
C
A

（横から）

❹CをDで留める。①で刺し
たD 4個の上にのるような感じ
になる。糸を強く引きすぎない
ように。

A 亀甲 6mm C6（イリゼ ライトグレー）
B 竹 1.5×3 #2034（スモーキーピンク）
C 丸大 8/0 #2268（クリアグレー）
D 丸特小 15/0 #4222（ダークシルバー）

クロッシェ・ド・リュネビルと針

　オートクチュールの刺繍でドレスを刺す時は、数人の職人が一つの作品に携わり、チームで全体を仕上げていきます。

　制作にはクロッシェ・ド・リュネビルと針の刺繍を使い分けます。まず図案を見て、クロッシェで刺せる部分は基本的にクロッシェで刺します。広い面積に手刺繍を施すというのはとても時間がかかる仕事なので、針よりも断然スピードが速いクロッシェで、なるべく多くの部分を刺すことが必須となるのです。

　クロッシェは速さだけでなく、素材が規則正しく並びきれいなラインが出来上がります。針だとどうしてもブレが生じてしまいますが、クロッシェで刺した線はキリッと美しいのです。

　布の裏から刺すので、習い始めの頃は刺繍枠を返してみると針目が揃っていなかったり、スパンコールがひっくり返ってしまっていたりというサプライズもありますが、これは繰り返し刺し、経験を積んで克服するしかありません。

　一方で針は、立体的に素材を刺す時に活躍します。素材を立てたり、素材の上に素材をのせたり、といったインパクトのある表現は針の得意技です。表から刺すので、目視しながら微妙な調節ができるのも、針のいいところです。

　クロッシェと針、それぞれに特徴があるので、両方できるなら図案の中でクロッシェでできる部分を見つけてそこを先に刺し、そのあと枠をひっくり返して表から針で刺すパートを仕上げる、というのが基本的な順番です。針でしかできないテクニックはありますが、クロッシェで刺せるところは物理的には針でも可能です。ですがラインの美しさとスピードはクロッシェのほうがずっと上なのは前述のとおりです。

　頭の中でイメージしたものを形にするには、クロッシェにしても針にしても、確かな技術を持つことが必須です。自分がわくわく、どきどきするものを形にするために日々鍛錬を続けているのだと思います。

17　クロス・コネクト

透明なスパンコールの層をビーズでつなぐと、まるで空想の植物が成長していくような雰囲気。
真ん中で出会って新しい芽を作ります。

＊
針

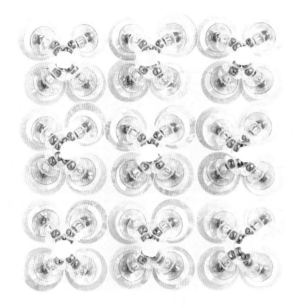

たくさんの素材をまとめて刺す時は、じょうぶな
糸を使います。この図案では、下側→中心（ロン
グドロップ）→上側の順で素材を入れていきます
が、亀甲スパンコールを通す時に表から通すか、
裏から通すかを気をつけながら通していきます。

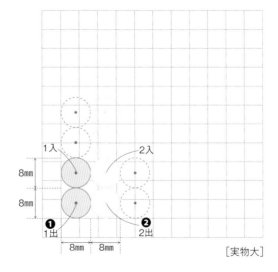

［実物大］

A 平丸 8mm P8（イリゼ　クリスタル）
B 亀甲 6mm C6（イリゼ　ライトグレー）
C 亀甲 5mm C5（イリゼ　グレー）
D 亀甲 4mm C4（イリゼ　クリスタル）
E 亀甲 3mm C3（ペルリアン　ホワイト）
F ロングドロップ 3×5.5 LDP 131F（フロストホワイト）
G 丸小 11/0 #579（ライトパールピンク）
H 丸特小 15/0 #4209（メタルピンク）

❶ 1出から針を出して、以下
の素材を通して 1 入に差し込む。
通す時はスパンコールの表と裏
に注意。留めのプチポワンをし
て、玉留めをする。

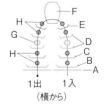

（横から）

❷ 2出から針を出し、①と同
様に素材を通して 2 入に差し込
む。A B H C H D G D H E H まで
通し、①の F に通す。続けて
H E～A まで通して 2 入に刺し
こむ。留めのプチポワンをして
玉留めをする。

18　四つ葉づくし

グレートーンの素材で刺した四つ葉です。つや消しのスパンコールを使ってシックな印象に仕上げました。四つ葉の向きを交互にずらしたことで、ひとつひとつのモチーフがぐっと近づきます。

★
針/クロッシェ+針

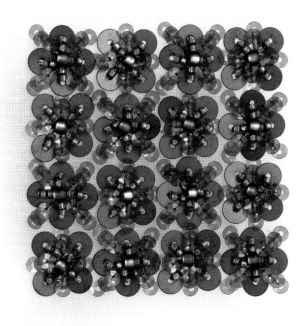

全てのポワンが中心に向かっていくので、中心に糸がたまってきます。始まりと終わりのポワンを少し中心からずらすと収まりがよくなります。

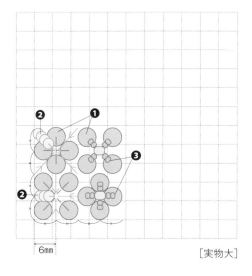

6mm

［実物大］

❶Aをポワンティレで4枚ずつ刺す。

❷Bを縦横は各3枚、斜めは各4枚、リヴィエールで中心に向かって刺す。

❸Dを2個ずつAの糸の上に刺し、中心にCを1個刺す。

A 平丸 5mm P5（メタリックマット　ダークグレー）
B 亀甲 3mm C3（ペルリアン　ライトグレー）
C 丸大 8/0 #21F（グレーフロスト）
D 丸特小 15/0 #4250（ローズグレー）

19　三角リピート

上向きと下向きの三角が交互に現れるモチーフです。透明、半透明、オパック、マット、シャイニーな
どさまざまなグレーのエフェクトでハーモニーを奏でます。

**
針/クロッシェ+針

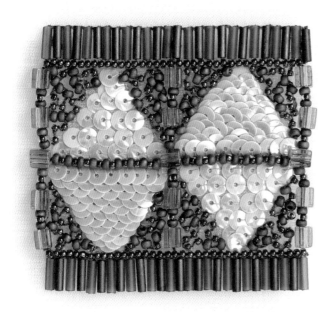

色々な素材を使って面を埋める時は、最初に刺す
順番を考えます。ここではまずスパンコールで面
を埋め、その後ビーズでラインを作っていきます。
最後は、融通のきくヴェルミッセルで仕上げます。
クロッシェのいろいろな刺し方が入った、刺し方
の練習にもってこいのモチーフです。

❶図案線の内側にAをトゥ
ッシュトゥッシュで刺す。

❷Aをエカイユで刺す。

❸Fをラインで刺す。

❹CとDを交互に1個ずつ並べ
て刺す。クロッシェの場合はア
ンフィラージュしてポワンティ
レで。

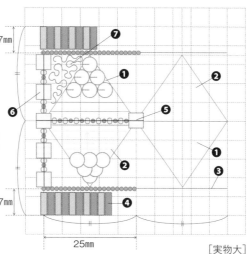

7mm

25mm

7mm

[実物大]

❺横の列にBを刺し、間にEと
Fを交互に1個ずつ入れ、コー
チングステッチで刺す。

❻縦の列にB、E、Fをコーチ
ングステッチで刺す。Bの両側
を留める。

❼EとFを1：1の割合でラン
ダムにヴェルミッセルで刺し埋
める。空ポワンを間にひと針目
ずつ入れる。

A 平丸 4mm P4（オリエンタル ライトグレー）
B スクエア 4×4×4 #2412（クリスタルグレー）
C 竹 1.7×6 #152F（グレーマット）
D 竹 1.7×6 #2002（スモーキーグレー）
E 丸小 11/0 #2002（スモーキーグレー）
F 丸特小 15/0 #1840（クリアダークグレー）

20　ジグザグ

太陽のような放射状の筋が入ったソレイユのスパンコールは、並べて刺すだけで気分が上がる美しい素材です。素材をつなぐ糸がデザインの一部になっています。

★★
針/クロッシェ+針

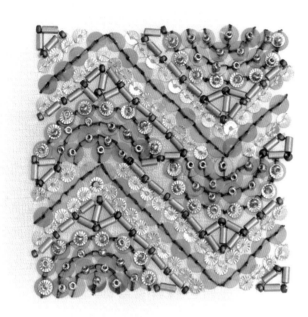

クロッシェでアングレーズを刺す時は70番を使うのがおすすめです。小さな穴の中に刺し込むことになるので刺しやすいですし、スパンコールを傷つけるリスクが少なくなります。

❶Aをアングレーズで刺す。糸の色はお好みで。

❷Aを半円形にアングレーズで刺す。

❸②の内側にさらにAをアングレーズで刺し、半円を埋める。

❹Bをメタリックスレッドでアングレーズで刺す。

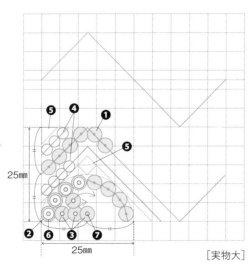

25mm

25mm

［実物大］

❺CとEを交互にラインで刺す。始まりと終わりと角にはEがくるように、針目の長さを調節しながら刺す。

❻②で刺したAの上にBとDを刺す。

（横から）

❼③で刺したAの上にDを1個ずつ刺す。

A 平丸 4mm P4（イリゼ オリーブグリーン）
B ソレイユ 3mm PS3（ライトゴールド）
C 竹 1.5×3 #193F（ベージュゴールドマット）
D 丸特小 15/0 #4204（ライトゴールド）
E 丸特小 15/0 #2069（玉虫マット）
糸：MIYUKIメタリックスレッド（ライトゴールド）

21　ギヤマンの窓

クラシックな洋館の窓を思わせるモチーフ。オパックの草色、アイボリー、柔らかい玉虫色と、シックにまとめる色合いで仕上げました。

＊＊
針/クロッシェ＋針

スパンコールで四角を刺す時は、辺の途中から刺し始めます。角がきちんと出るように曲がり方に注意しながら刺し、最後は最初の針目に刺し込み、スパンコールを滑りこませるようにしてつなぎます。

❶Aをリヴィエールで刺す。菱形の線の内側にスパンコールがおさまるよう、外側→内側の順で刺す。2周目、3周目はすでに刺したAと半分重なるように刺す。

❷Fを菱形の線に沿って刺す。

❸中心にBを5個刺す。

❹③の外側にCE1個ずつをまとめて刺し、十字にする。

❺④の真ん中にEDEを各1個ずつ、まとめて刺す。

❻④と⑤の間にEDを各1個ずつ、まとめて刺す。

25mm

25mm

［実物大］

A 平丸4㎜ P4（オリエンタル オリーブグリーン）
B ロングドロップ3×5.5 LDP 4201F（アイボリー）
C 竹1.7×6 #2035（ライト玉虫マット）
D 竹1.5×3 #2035（ライト玉虫マット）
E 丸特小15/0 #4201F（アイボリー）
F 丸特小15/0 #4250（ローズグレー）

22　青海波

日本の伝統文様、青海波を亀甲スパンコールで刺しました。緑のゆるいカーブの連なりが海の波の動きを表しているように見えて、そのあいだから船の姿がのぞきそうです。

★★
針/クロッシェ

図案線の内側をスパンコールで埋める時は、スパンコールの端が図案線を少し隠すくらいの位置から刺し始めます。何列かを平行に刺す場合は、その場所も必ず同じ方向に進みます。

＊すべて図案の上から下に向かって刺し進める。

❶図案線にスパンコールの端が少しかかるようにAをリヴィエールで刺す。

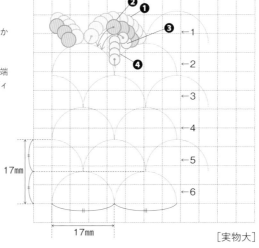

［実物大］

17mm

17mm

❷①の内側にもう1列Aをリヴィエールで刺す。1列目のAの端のきわで針の出し入れをする。1列目のAに半分くらいかかるようにする。

❸②の内側にBをリヴィエールで刺す。②のAのきわから針を出し、Aに半分くらいかかるように刺す。

❹空いた部分をBを縦にリヴィエールで刺して埋める。ここでは上から下に向けて刺す。

A 亀甲 4mm C4（オリエンタル ライトベージュ）
B 亀甲 3mm C3（オリエンタル マスタード）

23　エヴァンタイユ

22と図案は同じですが、刺し方が違うだけで全く違う印象になります。エカイユで中心に向かって刺すことで、こちらは扇のようになりました。

★★
針/クロッシェ

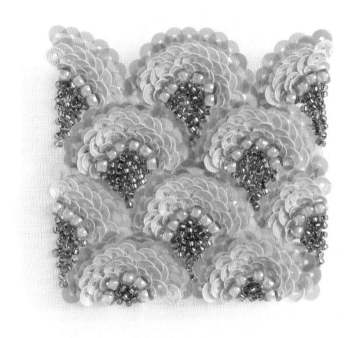

エカイユで丸く面を埋める時は、内側に行くほど距離が短くなっていくので、水平に刺す時の針目も小さくしていきます。隙間が開かないように、でも詰まり過ぎないように、スパンコールの大きさを意識しながらちょうどよい針目の長さで刺し進め、違和感のないように数を減らしていきます。

❶Aを2列、エカイユで刺す。スパンコールの端が図案線に少しかかるように刺す。

❷①の内側に2列、Bをエカイユで刺す。

❸②の内側に1列、Cをエカイユで刺す。

❹③の内側に1列、Dを刺す。

❺図案の空いている部分にEをヴェルミッセルで埋める。

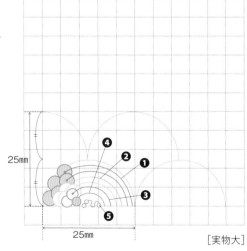

25mm

25mm

[実物大]

A 平丸 4mm P4（クリスタルリュストレ オレンジ）
B 亀甲 4mm C4（オリエンタル ライトベージュ）
C 亀甲 3mm C3（オリエンタル マスタード）
D 丸大 8/0 #2250（エクリュ）
E 丸特小 15/0 #4272（シャイニングイエロー）

24　貝ならべ

海の中で貝たちが楽しげに並ぶ光景を、重なりあうスパンコールで作ってみました。海に漂う無数の泡をビーズの透明感を活かして表現しています。

＊＊
針/クロッシェ＋針

狭くなっていく図案を線で埋める時は、途中で消える線を作ります。このモチーフでは❸で刺すスパンコールです。遠慮せずに前に刺したスパンコールの下に針、またはクロッシェを刺し込み、半分を滑り込ませると糸が見えずきれいに仕上がります。

❶Aをリヴィエールで矢印の方向に向かって刺す。

❷Bをリヴィエールで矢印の方向に向かって刺す。終わりは①で刺したAの下に半分もぐりこませるように刺す。

❸Bをリヴィエールで刺す。

❹Dをひとつずつ半円形に刺す。

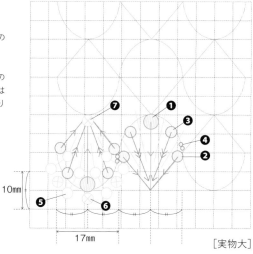

10mm

17mm

［実物大］

❺C1個、D5個、C1個を④のDをまたいで刺す（外側から針を出して内側に入れる）。内側のCの下で1目プチポワン、同じCから針を出してD5個を刺す。①②③で刺したスパンコールの下にもぐりこませるように針を入れる。

C　　　D
（横から）
外側　プチポワン　内側

❻Cをひとつずつ刺す。

❼CをAの穴に入れて刺す。

A　C
（横から）

A 亀甲 4mm C4（オリエンタル ライトベージュ）
B 亀甲 3mm C3（オリエンタル マスタード）
C 丸大 8/0 #2250（エクリュ）
D 丸特小 15/0 #2250（エクリュ）

25　リンク・ダイヤ

鏡のようなメタリックパレットの上にビーズを載せることで素材が映しだされ、より立体的で幻想的な風景が生まれます。きらきらと反射させたいアイテムにつけたいモチーフです。

★★
針

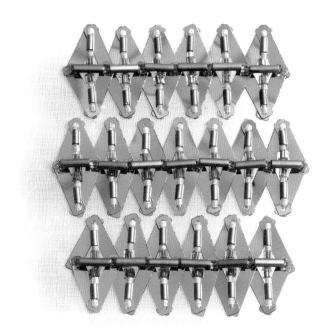

オーガンジーなどの透ける生地に刺す場合、裏に渡る糸が見えないように、刺す順番を工夫します。一番効率よく、糸留めの回数が少ない刺し方の順序を考えながら刺していきます。

❶・から針を出し、A2枚、ECEを通して最後のEのすぐ脇に針を垂直に立てて刺す。糸がゆるまないように注意。

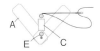

❷①と対になる・から針を出し、①と同様にA2枚とECEを通して刺す。

❸②の・から針を出し、②で刺したECEにD3個を通す。続けて①で刺したECEにもう一度通して①の・に針を入れる。

❹4枚のAをまとめて穴から針を出す（両端は2枚）。DBを図のように刺す。針を入れるのは次の4枚のAをまとめた穴。Bは③で刺したD3個の上にくる。次のポワンに向けて同じ穴から針を出す時は、素材の下でプチポワンをする。

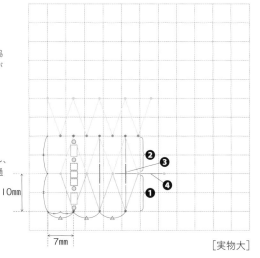

10mm

7mm

［実物大］

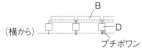

A パレット 3×12（メタリック　ライトゴールド）
B 竹 1.7×6 #193F（ベージュゴールドマット）
C 竹 1.5×3 #193F（ベージュゴールドマット）
D スクエア 1.8×1.8×1.8 #2642（アクアアンバー）
E 六角特小 15/0 #2235（グレイッシュホワイト）

26 トレース

レクタングルの大きさを活かした図案。レクタングルが透けて下に刺したスパンコールが模様のように浮かび上がるという凝った作り。透ける生地に刺すとさらに映えるモチーフです。

★
針/クロッシェ+針

スパンコールの上にビーズをのせて刺していきますが、スパンコールを刺さないようにうまく場所を調節します。隙間ができてしまったら、クリアの丸ビーズで埋めます。

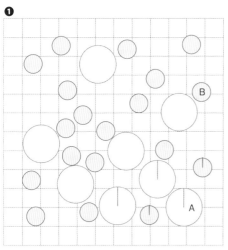

❷

[実物大]

❶A、Bをひとつずつ刺す。

❷①の上にCDEFGを刺す。

A 平丸 10mm P10（オリエンタル アイボリー）
B 平丸 5mm P5（オリエンタル アイボリー）
C レクタングル 4×9 #131FR（オーロラクリアフロスト）
D 竹 1.7×6 #2442（オーロラクリスタル）
E 竹 1.5×3 #2442（オーロラクリスタル）
F 丸特大 6/0 #131（クリア）
G 丸大 8/0 #131（クリア）

27　光るエカイユ

オリエンタルのスパンコールの上に他の素材をのせて、きらきらと光る感じをプラスしました。スパンコールを少し浮かせることで、光の当たり方に動きが生まれます。

★★
針/クロッシェ＋針

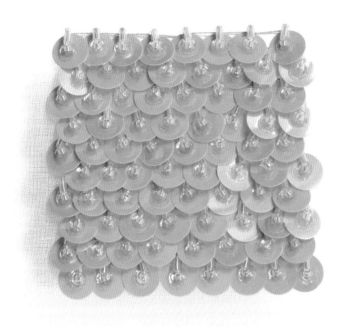

スパンコールはデリケートな素材です。すでに刺したスパンコールの上に、針で別の素材を刺す時、針の先でスパンコールの表面を傷つけないように注意しながら刺し進めます。

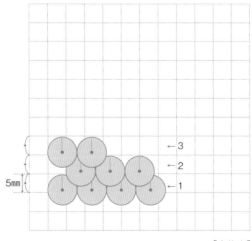

5mm

←3
←2
←1

［実物大］

❶Aをエカイユで刺し、面を埋める。穴が見えるよう、大きめの針目で刺す。

❷①で刺したAの穴から針を出す。B（裏から）1枚、C（裏から）1枚、E1個、D1個、E1個を通し、次の段のスパンコールの下に刺しこむ。

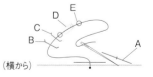

（横から）

A 平丸 8mm P8（オリエンタル　オレンジ）
B 亀甲 4mm C4（イリゼ　クリアイエロー）
C 亀甲 3mm C3（イリゼ　ライトマロン）
D 竹 1.5×3 #2442（オーロラクリスタル）
E 丸特小 15/0 #551（ブリリアントホワイト）

28　だましムース

ヴェルミッセルで均一に面を埋めていくのはちょっと難しい……というときにおすすめの、規則正しく
刺してムースと同じ効果が得られるという刺し方です。

★★
針/クロッシェ

ジグザグに刺すことで、こまめに方向を変えていきます。使う素材の大きさによって間隔を変えていくと、まんべんなく面を埋めることができます。

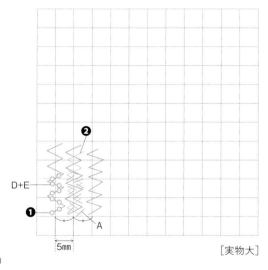

D+E

5mm

［実物大］

❶DとEを1：1でランダムにアンフィラージュしてジグザグに刺す。ひと針目に1個ずつビーズを入れ、2針目ごとに方向を変える。

❷①のジグザグと針目が互い違いになるように、Aをジグザグに刺す。針目の長さは①と同じくらいにする。

❸ところどころにBとCを刺す。

A 亀甲 4mm C4（オリエンタル ライトグリーン）
B ロングマガタマ 4×7 LMA1（クリスタル）
C マガタマ 4mm MA2132（オーロラさくら）
D 3カット 2.2mm ＃577（イエローゴールド）
E 六角特小 15/0 ＃2235（グレイッシュホワイト）

29　ヒョウ柄ムース

亀甲スパンコールを2種類使ってヒョウ柄模様を浮き彫りにしたムースです。こちらのヒョウはちょっとおとなしめですが、ビビッドな色で刺したら陽気なヒョウになりそうです。

★★
針/クロッシェ

きれいに全体が埋まるよう、針目の長さを意識しながら刺していきます。表に返してすき間があったら、そこにスパンコールをつけ足して刺し、全体の密度が均一になるように揃えます。

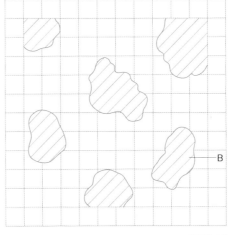

B

[実物大]

❶Cで空ボワンを1目間に入れながら、ヴェルミッセルで全体を埋める。

❷Bで空ボワンを1目間に入れながら、図案の模様の中をヴェルミッセルで埋める。

❸②以外の部分をAで空ボワンを1目間に入れながらヴェルミッセルで埋める。

A 亀甲 3mm C3（イリゼ ライトマロン）
B 亀甲 3mm C3（オリエンタル マスタード）
C 丸特小 15/0 #4204（ライトゴールド）

30　リバーストリーム・1

穏やかに水が流れる川をイメージしたモチーフ。さまざまな長さの柔らかい曲線が行き交います。玉虫
色の竹ビーズは、まるで小さい魚の群れのようです。

★
針/クロッシェ+針

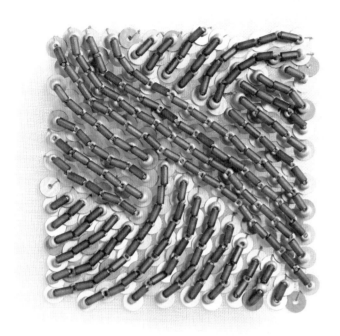

クロッシェで違う色のスパンコールを途中でランダムに入れたい時は、シュネットをその場所に刺して空きを作っておきます。地の色が刺し終わったら、後から1つずつ刺し足していきます。

❶Aをトゥッシュトゥッシュ
で刺す。ところどころ空ポワン
で間を空けておく。

❷①で空けておいたスペース
にBを刺す。

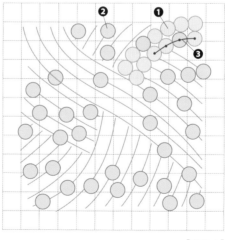

[実物大]

❸①②で刺したABの穴の中
から針を出し、DCDまたは
ECEを返し縫いで刺す。1列
ごとにDCD、ECEを変えて微
妙な高さの違いを出す。

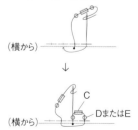

(横から)

↓

(横から)

A　平丸 4mm P4 (メタリックマット　黄緑)
B　平丸 4mm P4 (メタリックマット　ターコイズ)
C　竹 1.5×3 #2035 (ライト玉虫マット)
D　丸小 11/0 #4201F (アイボリー)
E　丸特小 15/0 #4201F (アイボリー)

31　リバーストリーム・2

大きな川で、水があちらこちらに方向を変えて流れていく感じを、さまざまなステッチで仕上げたモチーフです。同じ素材でも、ステッチによっていろいろな表情を見せてくれます。

★★
針/クロッシェ+針

この図案では、まず線を刺すステッチを終わらせてからヴェルミッセルやエカイユで間を埋めていきます。クロッシェで刺す時、この中で3㎜のスパンコールのエカイユは上級者向けのステッチです。難しい場合はスパンコールの大きさを変えるかステッチを変えてみてください。

❶Aをリヴィエールで刺す。

❷Cをラインで刺す。

❸Cをアウトラインステッチで刺す。短い線は4〜5個ずつ、横の線は6〜7個をひと針目に入れる。

❹Aをトゥッシュトゥッシュで刺し、その上にCを刺す。

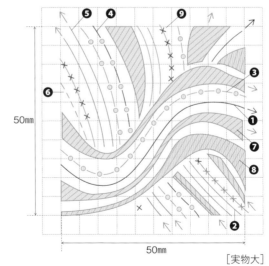

50mm

50mm

[実物大]

❺Bをトゥッシュトゥッシュで刺す。

❻Bの裏を表に向け、トゥッシュトゥッシュで刺す。

❼Bをエカイユで刺して埋める。

❽Cを、空ボワンを1目入れながらヴェルミッセルで埋める。

❾ABをCで留める。

（横から）

A　平丸5㎜P5（メタリックマット　ダークグレー）
B　亀甲3㎜C3（ペルリアン　ライトグレー）
C　丸特小15/0 #4250（ローズグレー）

32 エアリアル

大きなスパンコールはボリュームのある図案が刺せるマジックアイテム。さらにそれを折ることで表現の幅がぐんと広がります。立体感とダイナミックさを楽しんでほしいモチーフです。

**
針

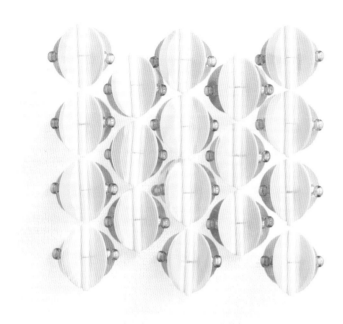

12mmと10mmのスパンコールを折って重ねます。きれいに刺すコツは、まずスパンコールをきちんと真ん中で折ること。そして大きな素材は動きやすいので、糸をしっかり引いてきっちりと留めつけていきます。留めのプチポワンも忘れずに。

❶Bを中心で2つ折りにする。図案線の中心から少し左側に針を出し、折ったBの裏から針を入れ、Dを3個入れて刺す。右側も同様に刺す。

D B 中心
（横から）

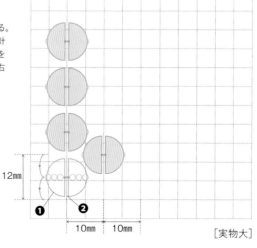

12mm

10mm　10mm

[実物大]

❷Aを中心で2つ折りにする。図案線の中心から針を出し、2つ折りにしたAを裏から通し、C2個で両側を縦に留める。

C
A
（2つ折り）

A C
B
D
中心

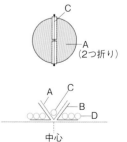

A 平丸 12mm P12（オリエンタル　アイボリー）
B 平丸 10mm P10（イリゼ　クリスタル）
C スレンダービューグル 1.3×6 SLB402FR（白）
D 丸小 11/0 #2268（クリアグレー）

33　立体モダン絣

バレットと竹ビーズ、ふたつの長い素材を組み合わせて、しかも立体構造に。竹ビーズが絶妙なバランスで垂直のバレットを支えます。上から見るとまるで絣（かすり）模様のようになりました。

★★
針

❸で刺す竹ビーズは、バレットのすぐ脇から針の出し入れをし留めていきます。垂直に曲げて刺したバレットががたがた動かないように、糸をきちんと引いて竹ビーズでしっかりと支えてください。

❶横の列を刺す。

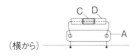

（横から）

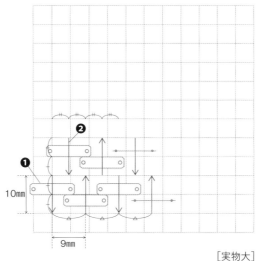

10mm

9mm

［実物大］

❷縦の列を刺す。Aを表を中にして半分に折る(a)。図案の→の向きに合わせ、B2個、E1個を通して山形に刺す(b)。

(a)
表
裏

(b)　折ったA

B
E

❸②で刺したAの折り目にD1個を刺す。

折ったA

D

A バレット 3×12（メタリック　ゴールド）
B 竹 1.7×6 #401F（黒マット）
C 竹 1.5×3 #401F（黒マット）
D 竹 1.5×3 #457L（ブロンズゴールド）
E 丸特小 15/0 #4202（ゴールド）

34　虹色コントラスト・1

スパンコールの面白さは切ったり折ったり、自分で加工できること。特に大きいトップホールは色々な
工夫ができる楽しい素材です。白と合わせてモダンなデザインのモチーフとなりました。

★
針/クロッシェ＋針

トップホールのカットは、すべて同じ形になるよ
うに、まず見本になる型をひとつ作って、それに
合わせてカットしていきます。切り込みが入りす
ぎないように注意してください。

❶Aをカットする。

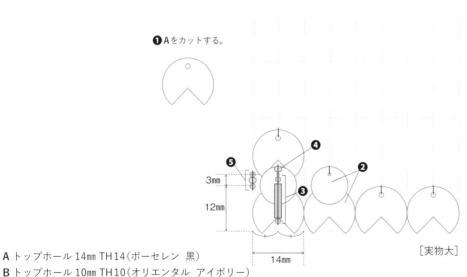

3mm
12mm
14mm

［実物大］

❷Aを刺し、その上に重なる
ようにBを刺す。

❸②で刺したBの穴から針を
出し、手前に向けてECEをま
とめて刺す。

❹再びBの穴から針を出し、
上にDを1個刺す。

❺EDEをまとめて刺す。

A トップホール 14㎜ TH14（ポーセレン　黒）
B トップホール 10㎜ TH10（オリエンタル　アイボリー）
C 竹 1.9×9 #401F（黒マット）
D 丸小 11/0 #401F（黒マット）
E 丸特小 15/0 #4209（メタルピンク）

35　虹色コントラスト・2

鋭角にカットしたトップホールを組み合わせたモチーフ。虹色のスパンコールときらきら光を反射する
ソレイユを重ね合わせて、ポップなデザインができました。

*
針/クロッシェ+針

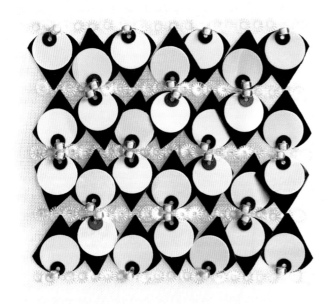

鋭角にカットしたトップホールは穴のある片側だ
けしか留めないので、動かないようにしっかり留
めていきます。針目が長すぎると隙間ができて動
いてしまうので、スパンコールの縁のすぐ外側に
針を垂直に立てて緩みがないように刺し込みます。

❶Aをカットする。

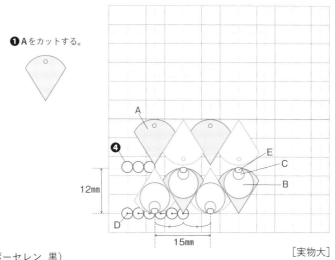

12mm

15mm

［実物大］

❷ABを2枚まとめて刺す。

❸❷の上にCを刺し、その上に
Eを留める。

❹横の列にDをトゥッシュトゥ
ッシュで刺す。Eが線上にある
ところは、空ポワンをする。

A トップホール 12mm TH12（ポーセレン　黒）
B トップホール 8mm TH8（オリエンタル　アイボリー）
C 平丸 3mm P3（メタリックマット　黒）
D ソレイユ 3mm PS3（クリスタルリュストレ　クリア）
E 丸小 11/0 #2268（クリアグレー）

36　白黒のくす玉

折って、重ねて、留めつけて。半分のくす玉のようなモチーフ。6枚の色を全部変えたら、楽しげなカラフルなくす玉ができそうです。

***
針

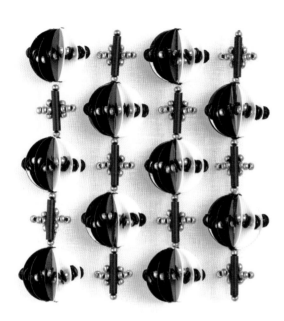

トップホールスパンコールを6枚組み合わせて形を作ります。3枚ずつをまとめて留めるには、糸をしっかりと引き締めて留めのプチポワンを必ずします。3枚がずれたり、中心で隙間ができると残念なくす玉となってしまうので、気をつけながら刺し進めます。

❶A、Bを3枚ずつ半分に折り、折り目の中心に針で穴を開ける。

❷図案線の左側に①のAを3枚重ねて両側を留める。トップホールの穴が中心にくるように重ねる。右側にはB3枚を重ねて刺す。

❸スパンコールのすぐ外側から針を出し、トップホールの間にE、C2枚、Eを通して反対側のスパンコールの外側に針を入れる。

（横から）

❹EDEをまとめて縦の線に刺し、Dの左右にEを5個ずつ刺す。

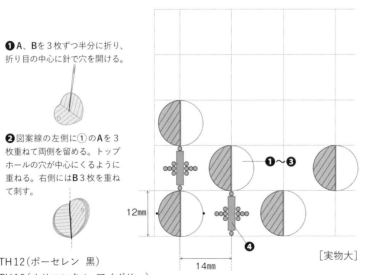

❶〜❸

12mm

12mm

14mm

❹

［実物大］

A トップホール 12mm TH12（ポーセレン　黒）
B トップホール 12mm TH12（オリエンタル　アイボリー）
C 亀甲 3mm C3（ポーセレン　黒）
D 竹 1.9×9 #401F（黒マット）
E 丸特小 15/0 #4209（メタルピンク）

37　海の底

海の底に静かにたたずむ幻想的な雲丹（うに）のようになりました。ヴェルミッセルで周りに刺したビーズは、舞い上がる砂のようでもあり、泡のようでもあります。

★★★
針/クロッシェ＋針

スパンコールを丸大ビーズの周りに立てていく時に、途中で糸が緩むと一気に形が崩れ悲しいことになってしまいます。緩まないように糸を引きながら刺し進めます。スパンコールの穴にビーズを入れて一周し、糸をよく引き締めることで形がきれいにできあがります。

❶A〜Dを2つに折る。

❷ACEFGの組み合わせで刺す。(a)中心にEを刺す。穴を上にして2か所を留める。

(a)（上から）

(b)（横から）

(b)Eの少し外側から針を出し、CAを通しEの穴に針を入れる。これをEの周りに7回刺し、1周する。

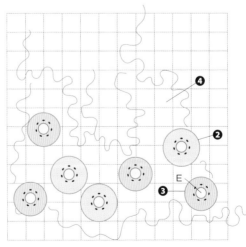
［実物大］

(c)(b)で刺した円の内側からACの穴を通して針を出す。GFGを通してもう一度ACの穴に入れる。

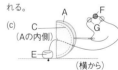
(c)（Aの内側）（横から）

(d)糸を引きしめながら(c)をくりかえして1周し、もう一度最初のスパンコールとビーズに通して引きしめ、円の内側に針を入れる。

❸②のACをBDに、GFGをF1個に替えて同様に刺す。

❹F：Gを3：1の割合でアンフィラージュし、ヴェルミッセルで背景を刺す。手前は間に1ポワン、奥に行くに従って2ポワン、3ポワンと軽くなるように自然なグラデーションで刺す。

A 平丸 10mm P10（イリゼ　クリスタル）
B 平丸 8mm P8（イリゼ　クリスタル）
C 平丸 8mm P8（メタリック　ダークグレー）
D 平丸 5mm P5（メタリックマット　ダークグレー）
E 丸大 8/0 #3539（オーロラブルーマリン）
F 丸特小 15/0 #152（グレー）
G 丸特小 15/0 #152F（グレーマット）

38　星の花

折り曲げたバレットは、立てることでまた違った表情を見せます。バレットの折りの角度を変えて、重ねて、ビーズを先端につけて、夜空に輝く星のようなモチーフを作りました。

★★
針

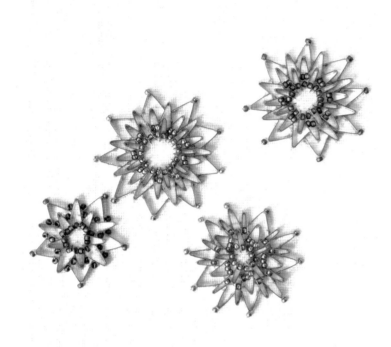

バレットの開き加減と、糸の引き加減をうまく合わせていきます。針目が素材の大きさと合うように、針の出し入れは布と垂直にします。

＊バレットはすべて外表に2つに折る。
内側から順に刺していく。

Ⅰを刺す
❶(a)折ったバレットの間にBをはさむ。これとB1個を交互に刺して1周する。ぎっしり刺すとAが9個入る。

(a)

(b)Aの折り目が均一になるように形を整え、折り目を糸で留める。

(b)

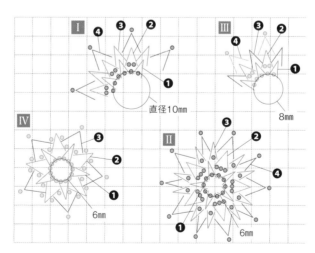

Ⅰ　❹❸❷

❶

直径10mm

Ⅲ　❸❷

❹

❶

8mm

Ⅳ　❸

❷

❶

6mm

Ⅱ　❸

❷

❹

❶

6mm

[実物大]

❷2周目を刺す。Aの間にB2個をはさむ。

❸①のAの折り目の外側にAを刺す。

❹③の間にAを刺し、折り目を糸で留める時に先端にB1個を刺す。

Ⅱ Ⅲ Ⅳ はビーズ、スパンコールの色と数を変え、同様に刺す。

ⅠとⅡ
A バレット 3×12（メタリック　ライトゴールド）
B 丸特小 15/0 #4209（メタルピンク）
糸：MIYUKIビーズステッチ糸Col.4（うす茶）

ⅢとⅣ
A バレット 3×12（メタリック　シルバー）
B 丸特小 15/0 #2008（ブロンズグリーン）
糸：MIYUKIビーズステッチ糸Col.23（セージ）

39　ひなぎく

折ったバレットを花びらにして、小さな花びらを何枚も重ねたら野に咲くひなぎくのようになりました。
ビーズの色や大きさを自分なりに選んで、多彩な空想の花模様が楽しめます。

★
針

バレットを折る時は力を入れすぎないようにします。強く折りすぎると折り目から切れてしまうので注意です。ひとつの花びらを内側の一か所でしか留めないので、動きがでます。きっちりと形を作りたい時は、一番外側のバレットの輪の部分も糸で布に留めつけます。

I II を刺す
❶ 2 つ折りにした **A** を、図案線から針を出し、放射状に外側に向けて刺す。

❷ ①の内側に①で刺した**A**の間に来るように**A**をもう 1 段刺す。

❸ ②の内側に**A**をもう 1 段刺す（Ⅱは 3 段目は刺さない）。

❹ ③（Ⅱでは②）の**A**の穴から針を出し、**C**を**D**で留める。

❺ ④の内側に**CDCD**、その内側に**CDCDCD**を刺して埋める。

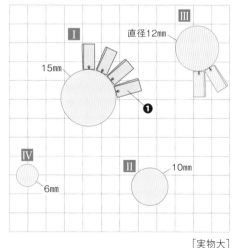

[実物大]

III IV を刺す
❶ Ⅰと同様に 2 つ折りにした**B**を放射状に刺す。

❷ Ⅲは Ⅰと同様に 3 段目まで、ⅣはⅡと同様に 2 段目まで刺す。

❸ 一番内側の**B**の根元から針を出し、図のように**E** 4 個を斜めに寝かせるように刺す。

❹ ③の内側に入れられるだけ**E** 3 個を立たせる。

A バレット 3×12（メタリック　シルバー）
B バレット 3×12（メタリック　ライトゴールド）
C 亀甲 3mm C3（オリエンタル　ブルーグレー）
D 丸小 11/0 #347（ネイビーブルー）
E 丸小 11/0 #198（グレイッシュピンク）

40　花車・1

バレットはいろいろな使い方ができる面白い素材。このモチーフでは重ねてつけて間にビーズを入れ、
上に開いています。

★★
針

折ったバレットは浮きやすい素材です。留めると
きの糸の引き加減が綺麗に刺すコツになります。
美しい形を保つ、ちょうどいい引き加減を見つけ
ていきます。

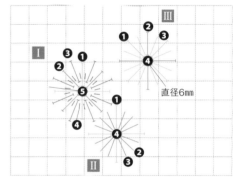

［実物大］

A バレット 3×12（メタリック　ゴールド）
B 竹 1.5×3 #457L（ブロンズゴールド）
C 丸小 11/0 #3761（オレンジマロン）
D 丸小 11/0 #3764（エバーグリーン）
E 丸小 11/0 #3743（マリンブルー）
F 丸特小 15/0 #3761（オレンジマロン）
G 丸特小 15/0 #4272（シャイニングイエロー）
H 丸特小 15/0 #4692（カラシマット）

図案は中心に 6 mm の円を描き、16
等分の線を描きます。

I を刺す

❶ A を 3 枚まとめて刺す。外側に
は C を間に 1 個ずつ入れながら刺
す。円周上から針を出し、外側に
向けて刺す。

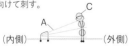
（内側）　　　　　　　　　（外側）

❷ A を 2 枚まとめて①と同様に刺
す。

❸ A を F 9 個で留める。

❹ 間に B を 1 個ずつ刺す。

❺ 図案の中心に、B を G 3 個で立
てる(a)。

(a)の周りに GHGHG を、①②のバ
レットの穴に入れながら刺す(b)。

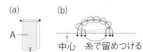

II を刺す

❶ I -①と同様に A 3 枚を、E を
間に入れながら重ねて刺す。

❷ A を 2 つに折り、穴と輪になっ
た部分を糸で留める(a)。その上に
E 6 個でブリッジをかける(b)。

(a)　　　　(b)
A ―
中心　　糸で留めつける

❸ ②と同様、A を 2 つに折ったも
のを糸で留め、中心に E 3 個、外
側に E 1 個を刺す。

中心

❹ I -⑤同様、図案の中心に B を
G 3 個で立てる。その周りを十字
になるように、GHGHG をまとめ
て通し、①のバレットの穴に入れ
る。その間に GHG を立てる(c)。

(c)

III を刺す

❶ I -①と同様に A 3 枚を、D を
間に入れながら重ねて刺す。

❷ A 1 枚と D 7 個で、 I -③と同
様に刺す。

❸ 2 つ折りにした A を 2 枚、半分
重なるように刺し、中心に D 3 個
を刺す。

（横から）
D　　A
（2 つ折り）
中心

❹ II -④と同様に刺す。

41　花車・2

こちらではバレットを立てて、留めて、横に開いています。車輪のような丸い花が出来上がりました。

★★
針

バレットの並び方が均一になるように気をつけながら円を作ります。中心で留めたバレットを外側で開く時は、糸の引きが弱いと形が崩れるので、しっかりと糸を引いて留めのポワンをします。

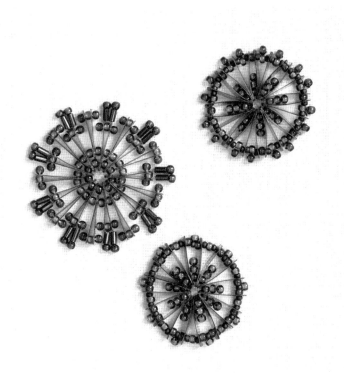

A　バレット 3×12（メタリック　ゴールド）
B　竹 1.5×3 #457L（ブロンズゴールド）
C　丸小 11/0 #3761（オレンジマロン）
D　丸小 11/0 #3764（エバーグリーン）
E　丸特小 15/0 #2006（こげ茶マット）

Ⅱを刺す

❶C1個、A3枚を8回通して、Ⅰ同様円にする。

❷①のA3枚の間にC1個、3枚の間は開いてEDEを通す。一周したら引きしめてところどころ留める。

❸②のDの上にCをひとつずつ刺す。

❹中心のCの外側にDを2個ずつ刺す。

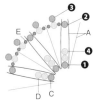

Ⅰを刺す

❶C1個、A2枚を9回通す。始めに通したCにもう一度糸を通し、引きしめて円にする。形を整えて何か所か留める。

❷①のAの外側はCDCを通して留める。

❸①で刺したAの間にD、A2枚、Dを刺す（12mmの円周上）。

❹③のAの外側は②と同様に留める。

❺②のDの外側にBCを2本刺す。

Ⅲを刺す

❶C1個、A2枚を8回通してⅠⅡ同様円にする。

❷外側は図のように通し、一周したら引きしめてところどころ留める。

❸②のCECの外側にDをひとつずつ刺す。

❹中心のCの外側にDを2個ずつ刺す。

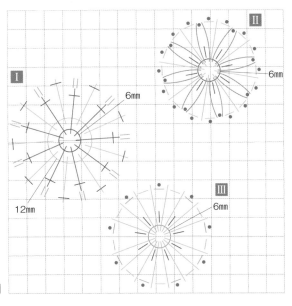

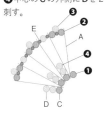

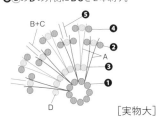

[実物大]

42　ぽんぽんフラワー

まん丸の毛糸のぽんぽんみたいな花は、重ねるスパンコールとビーズの数で立体感を描きます。いっぱい刺して野原を埋めてみたい、そんな気持ちになるモチーフです。

＊

針/クロッシェ＋針

全体のバランスを見ながら刺す位置を決めていきます。糸を引くときに他の素材に引っかからないように、糸を引ききるまで頭にくるビーズを持って、糸がたるまないようにします。2本どりで刺す場合は、2本の糸がきちんと引かれているか、確認しながら刺し進めます。

❶茎はE 1個、F 1個を交互にラインで刺す。

❷外側から順に埋めていく。素材をすべて通し、最後のビーズを除いて逆方向にもう一度通してビーズを立たせる。

❸②と同様にビーズを立てて、外側から埋めていく。

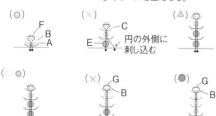

［実物大］

A 亀甲 4mm C4（オリエンタル ライトベージュ）
B 亀甲 3mm C3（オリエンタル マスタード）
C 亀甲 3mm C3（イリゼ ライトマロン）
D 丸大 8/0 #2250（エクリュ）

E 丸小 11/0 #2250（エクリュ）
F 丸特小 15/0 #2250（エクリュ）
G 丸特小 15/0 #4201F（アイボリー）

43　金流花
<small>きんりゅう か</small>

好きなゴールドのソレイユ・スパンコールをメインに使って、風に吹かれて空気の中を流れるようなモチーフを作りました。柔らかい流れになるように刺したい図案です。

★
針/クロッシェ+針

自然な流れを作れるよう、バランスを見ながら組み合わせを変えていきます。写真のモチーフでは4つの高さをまんべんなくランダムに刺していますが、根元を高く、先に行くにつれてだんだん低くするなど、高さをグラデーションにしても美しく仕上がります。

❶ メタリックスレッドで茎を刺す。色はお好みで。針の場合はチェーンステッチ、クロッシェは表からシュネット。

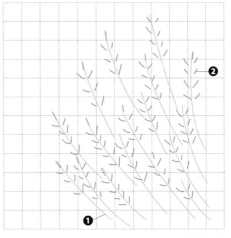

[実物大]

❷ 一番上は(i)で始め、そのあとは(ii)(iii)(iv)をランダムに刺す。時々(i)も入れる。

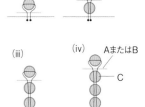

(i)　　　　(ii)

(iii)　　　(iv)　AまたはB

C

A ソレイユ 4mm PS 4 (メタリック　ライトゴールド)
B ソレイユ 4mm PS 4 (メタリック　ゴールド)
C 丸小 11/0 #2250 (エクリュ)
糸：MIYUKIメタリックスレッド (ライトゴールド/ゴールド)

44　冬の針葉樹

絵本の中の冬の雪山にたたずんでいそうな、ちょっと森のおばけ感がただよう針葉樹です。斜めについたビーズのフリンジが、針葉樹の「腰みの」みたいになりました。

＊＊
針／クロッシェ＋針

グラデーションを作る時、2種類の色合いが混在するゾーンを作ります。徐々に段階を経て色が変わっていくように、混在するゾーンではランダムに2色を組み合わせます。

❶ A〜Eの素材を組み合わせてグラデーションを作りながら面を埋める。ZONE 1 → 2 → 3の順で刺す。

ZONE 1
A 1枚、B 1枚、C 1個、D 4個を一度に通し、まとめて刺す。

ZONE 2
A 1枚、B 1枚、C 1個、DとEをランダムに混ぜて（Dのほうが多め）4個をまとめて刺す。

ZONE 3
B 1枚、C 1個、E 3個（ときどき D をランダムに混ぜる）をまとめて刺す。

（上）

D
C
B
A

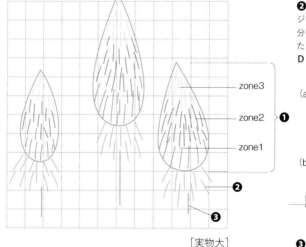

zone3
zone2
zone1

❶

❷

❸

［実物大］

❷ 奥から手前に向けてフリンジを刺す。B 1枚を刺し、上半分に D 1個を刺す(a)。aで刺したBの穴から針を出し、C 1個、D 3個を刺す(b)。

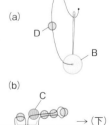

(a)

D

B

(b)

C

→（下）
（横から）

❸ Eをラインで刺す。

A 平丸 4mm P 4（メタリックマット　ライトゴールド）
B 亀甲 3mm C 3（オリエンタル　ラベンダー）
C 丸小 11／0 #3645（ライトグレイッシュ）
D 丸特小 15／0 #3330（ライトスモーク）
E 丸特小 15／0 #4691（マットベージュ）

45　フリーリー

あちこちに向いたソレイユのスパンコールが樹木の真ん中から自由奔放に茎を伸ばしています。ルールを決めずに刺していく。フリーリーに（自由に）茎を伸ばしてください。

★★
針／クロッシェ＋針

クロッシェでは葉の部分をシュネットで埋めていますが、針で刺す場合はサテンステッチやリーフステッチなど、お好きなステッチで埋めてください。葉の根元に刺すフリンジは、長さ、素材の組み合わせ、何本に分かれさせるか、バランスを見ながら自由に刺してみてください。

❶ シュネット（チェーンステッチ）で葉を刺す。外側から内側へエスカルゴ（外側から渦巻き状に刺していくこと）で埋める。色はお好みで。

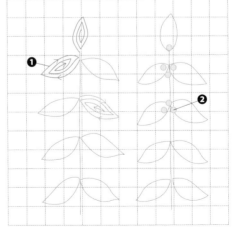

[実物大]

❷ 各双葉の根元に３本ずつフリンジを斜めに立てる。長さ、ボリュームの違う３本を組み合わせ、動きを出す。スパンコールは３枚重ね、長さは E、F の数を変えて調節し、好みの組み合わせで刺す。

フリンジ例

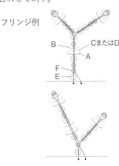

・EFの数を変えて強弱をつける
・途中で枝分かれさせる
・糸がゆるみやすくなるので注意しながら進める。

A 亀甲 4mm C4（オリエンタル　ライトベージュ）
B 亀甲 3mm C3（イリゼ　ライトマロン）
C ソレイユ 4mm PS4（メタリック　ライトゴールド）
D ソレイユ 4mm PS4（メタリック　ゴールド）
E 丸小 11／0 ＃2250（エクリュ）
F 丸特小 15／0 ＃2250（エクリュ）
糸：MIYUKIメタリックスレッド（ライトゴールド／ゴールド）

46　スターツリーズ

星のカタチをした花を咲かせる想像の木たち。スパンコールやビーズを針でていねいに組み立てて、小さいながらも立体的なモチーフが生まれました。

**
針/クロッシェ+針

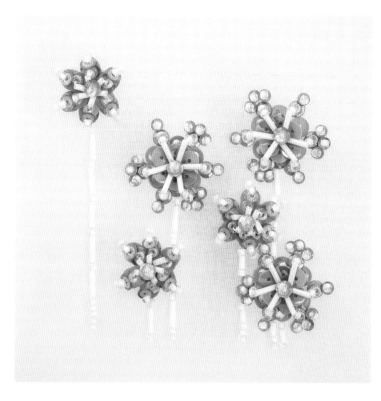

小さな図案なのに工程が多い時は、まず全ての工程の説明を読んで全体の流れを把握してから刺し始めると、針の出し入れの位置、針目の長さなどを調節しながら進めることができます。

A 平丸 5mm P5（オリエンタル　ベージュ）
B 亀甲 4mm C4（メタリックマット　ゴールド）
C 亀甲 3mm C3（メタリックマット　ゴールド）
D ソレイユ 3mm PS3（クリスタルリュストレ　クリア）
E スレンダービューグル 1.3×6 SLB402FR（白）
F スレンダービューグル 1.3×3 SLB402FR（白）
G 丸小 11/0 #1920（ホワイト）

Ⅰを刺す

❶Aを2枚ずつ半分重ねて刺す。外側のスパンコールの穴が内側の円周上にくるように刺す。

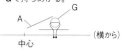

❷①で刺したA（外側）の穴にGをひとつずつ刺す。内側のAがGで持ちあがる。

❸中心から針を出し、E+G2個+D+B（裏）を入れて15mmの円より少し外側に刺しこむ。

❹③で刺したBの外側にCとGを1個または3個刺す。

× =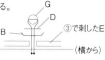

❺中心にB+DをGで留める。③で刺したEの上にのる。

6等分に図案線を引く

直径15mm

10mm

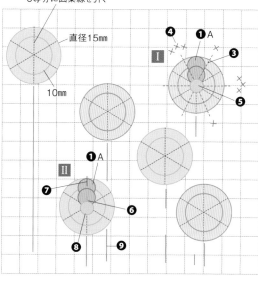

［実物大］

Ⅱを刺す

❻①と同様、Aを2枚ずつ刺す。中心から針を出し、F+G+Dを入れて内側のAの穴に刺しこむ。

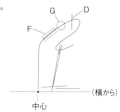

❼6等分の線上、外側の円よりさらに少し外側から針を出し、G2個、D1枚、B1枚を入れて①で刺した外側のスパンコールの穴に刺しこむ。

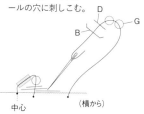

❽⑤と同様に中心を刺す。

❾EFGを組み合わせてラインで刺す。

47　こってりムース

亀甲スパンコールをまとめて数枚刺して、こってり、もりっとした仕上がりのムースです。後からビーズをところどころに加えて、さらに印象的にしています。

★★
針/クロッシェ+針

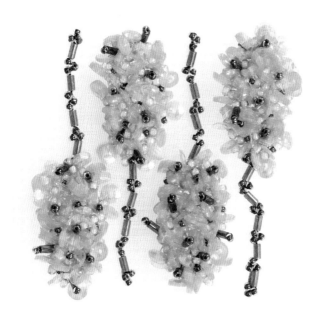

スパンコールを数枚まとめてラインを刺す時は、針目を長めにしますが、ここではスパンコールをビーズの間に立てていきたいので、針目は小さめに刺します。表現したいものによって針目の長さを変えるのは、小さいけれど大事なテクニックです。

❶(a)**C**で空ポワンをひとつ間に入れながらにヴェルミッセルで埋める。(b)**A**で空ポワンをひとつ間に入れながらヴェルミッセルで埋める。**A**は2〜6枚くらいをまとめてひと針目に入れる。針目の長さは(a)と揃える。

(b)

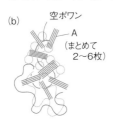

空ポワン

A
(まとめて
2〜6枚)

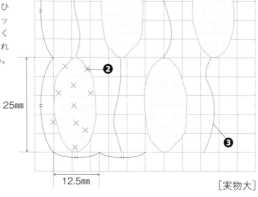

25mm

12.5mm

[実物大]

❷①で刺したムースの中に、ランダムに**BD**、または**D**1個を刺す。

(横から)

❸図案にそって**B**1個と**D**3個を交互に刺す。**D**は三角形になるように、クロッシェの場合はポワンティレで刺す。

A 亀甲 4mm **C**4(イリゼ クリアイエロー)
B 竹 1.5×3 #314(クリアナイトブルー)
C 丸小 11/0 #2250(エクリュ)
D 丸特小 15/0 #1840(クリアダークグレー)

48　ツリーズ

木の表面で樹皮が幾重にもなる様子を、スパンコールを重ねて表現。ビーズを添えることで立体感が生まれます。ピンクとゴールドの組み合わせで優しい雰囲気に。

★★
針/クロッシェ＋針

クロッシェで刺す場合は、向かい合う葉を一筆で刺していきます。針の場合はスパンコールと中心のビーズを続けて刺します。

❶Bをリヴィエールで刺す。
外側から内側、上から下へ刺す。

❷Aをリヴィエールで刺す。

❸①と②で刺したB、Aの一番内側に重ねるようにE1〜2個（Bに重ねる時は1個、Aに重ねる時は2個）、C1枚を刺す。

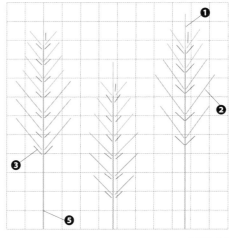

❹①で刺したリヴィエールの途中、ランダムにE1個、C1枚をBの間に入れ込むように刺す。中心が空いていたらEで埋める。②はランダムにBを重ねるように刺す。

❺DとEをラインで刺す。

［実物大］

A 平丸5mm P5（オリエンタル ペールオレンジピンク）
B 亀甲4mm C4（メタリックマット ゴールド）
C ソレイユ3mm PS3（クリスタルリュストレ クリア）
D スレンダービューグル1.3×6 SLB402FR（白）
E 丸小11/0 #1920（ホワイト）

49　グレインツリーズ

ソレイユのスパンコールは作品に輝きをプラスするのに恰好の素材。折ったスパンコールの間に入れていきます。ソレイユがあることで立体感がでて味のあるグレイン(粒)になりました。

★★
針/クロッシェ+針

最初に折ったスパンコール3枚をぴったりとつけて刺すのがポイントです。この3枚が離れるとだらっとした感じになってしまいます。スパンコールを折るときは優しく。力一杯折ると割れることがあるので注意です。

❶(i)(ii)を刺す。BまたはA3枚を半分に折る。

❷折った部分を、図案の中心線の向きに合わせ、両端を留めながら3枚留める。

AまたはB
(横から)

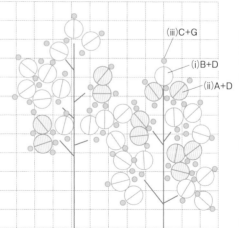
(iii)C+G
(i)B+D
(ii)A+D
[実物大]

❸❷で刺したスパンコールの穴から針を出し、D2枚を入れて穴に刺しこむ。3枚分同様にDを2枚ずつ入れる。

D
(横から)

❹(iii)を刺す。CをGで留める。

G
C
(横から)

❺茎をEFGを組み合わせて刺す。

A 平丸 5mm P5(オリエンタル　ペールオレンジピンク)
B 平丸 5mm P5(オリエンタル　ベージュ)
C 亀甲 3mm C3(メタリックマット　ゴールド)
D ソレイユ 3mm PS3(クリスタルリュストレ クリア)
E スレンダービューグル 1.3×6 SLB402FR(白)
F スレンダービューグル 1.3×3 SLB402FR(白)
G 丸小 11/0 #1920(ホワイト)

50　白い結晶

たくさんの素材を盛り込んだモチーフです。白系だけで構成したモチーフは、素材の重なりが微妙なニュアンスを醸し出して清楚なイメージに仕上がりました。

★★
針

レクタングルやトップホールなど、大きい素材の上に別の素材を乗せていく時は、糸を通す順序がポイントになります。数回同じ素材に針を通すので、針は細めのものを使うのがおすすめです。

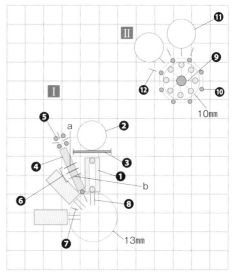

［実物大］

ⅠⅠを刺す

❶ 直径13cmの円を描き、8等分の線を描く。円周上から針を出し、8等分の線上に**E**、**B**を刺す。**E**の上にのるように**KHK**を刺す。

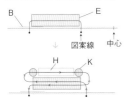

❷ ①の**B**のきわから針を出し、**KDL**を刺す。もう一度針を**K**に通して**L**2個を**LFL**で留める。

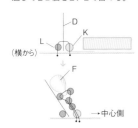

❸ ①と②の間に**C**と**L**を交互に**C**9枚**L**8個をでブリッジをかける。

❹ ①の**E**の間、円周上から針を出し、**L**1個、**G**1個をまとめて刺す。

❺ 内側に戻り、再び**LG**に針を通し、**LCLCLCL**の順で通して**LG**に外側から針を通し、円周上で針を入れる。

❻ ④の**G**の上に3本ブリッジをかける。aは**L**2個、**I**1個、**L**2個、bは**L**5個。

❼ 円の内側に**C**と**L**3個を刺す。

❽ **E**の内側に**LDL**を刺し、②の刺し方と同様に円の内側の**L**に再び針を通し、**L**2個、**K**1個、**J**1個、**K**1個を通し、**L**に針を入れて留める。

ⅡⅡを刺す

❾ 直径10mmの円を描き、8等分の線を描く。中心に**A**を1枚置き、十字に**IK**、斜めを**IL**で8か所留める。中心に**CLCLCL**を立たせる。

❿ 間に**CK**を土台に**LIL**を渡して1周する。

⓫ Ⅰ-②同様、**DFKL**を刺す。

⓬ ⑪の間に**JK**を1個ずつ刺す。

A 平丸 10mm P10（オリエンタル アイボリー）
B 平丸 4mm P4（イリゼ クリスタル）
C 平丸 3mm P3（ペルリアン ホワイト）
D トップホール 8mm TH8（オリエンタル アイボリー）
E レクタングル 4×9 #131FR（オーロラクリアフロスト）
F ドロップ 3.4 DP131FR（オーロラクリアフロスト）
G ツイスト 2×12 TW131FR（白）
H 竹 1.7×6 #2442（オーロラクリスタル）
I 竹 1.5×3 #2442（オーロラクリスタル）
J 丸大 8/0 #131（クリア）
K 丸小 11/0 #1901（ホワイトフロスト）
L 丸特小 15/0 #131（クリア）

51 白い開花

レクタングルを立体にして、ぱっと花が開いたような広がりのあるモチーフを作りました。白い素材だけを使うことで、ボリューム感やフォルムの美しさが際立ちます。

★★
針/クロッシェ+針

大きい素材をまとめて刺していくときは、後で糸が緩んでこないように、ひと針目ごとに留めのプチポワンをします。特にこの図案は立体が重なり合うので、糸の引き加減に注意しながら進めていきます。

A 平丸 4mm P4 (ペルリアン ホワイト)
B 亀甲 3mm C3 (ペルリアン ホワイト)
C レクタングル 4×9 #131FR (オーロラクリアフロスト)
D ドロップ 3.4 DP131FR (オーロラクリアフロスト)
E 竹 1.7×6 #2442 (オーロラクリスタル)
F 竹 1.5×3 #2442 (オーロラクリスタル)
G 丸特大 6/0 #131 (クリア)
H 丸小 11/0 #1901 (ホワイトフロスト)
I 丸特小 15/0 #131 (クリア)

Ⅰを刺す

❶中心側から針を出し、図のように刺す。先端のAの周りにAをH1個で留めたものを3つ、その周りにBをI1個で留めたものを3つ刺す。

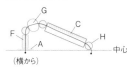
(横から)

❷①でつけたCの間に、図のように刺す。先端の両脇にAHFを刺す。さらに外側にAをIで留めたものを3個刺す。

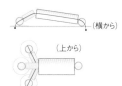
(横から)
(上から)

❸BをIで留めたもので埋め、茎はIをラインで刺す。

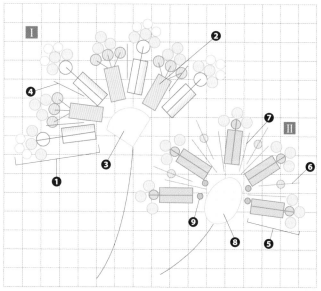

[実物大]

❹①②の間、ところどころにI5個、H1個、I3個、H1個をまとめてアーチになるように刺す。

Ⅱを刺す

❺中心側から針を出し、図のように刺す。最後のHの周りにAをI1個で留めたものを3つ刺す。

❻中心側から図のように刺す。

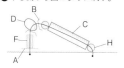

❼⑥のFをEに替えて刺す。

❽③同様に埋め、茎を刺す。

❾HFHを立てる。

52〜65　小花いろいろ

可憐な小さい花は、刺繍デザインで欠かせないモチーフ。小さい中にもさまざまなステッチをちりばめ、
ひとつひとつ個性ある花に仕上げました。楽しんで咲かせてください。

★〜★★
針/クロッシェ｜針

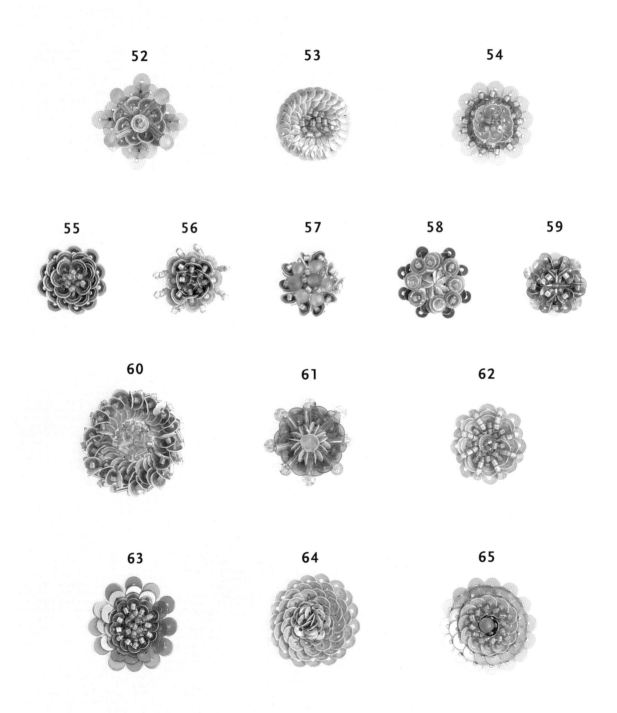

52

53

54

55

56

57

58

59

60

61

62

63

64

65

52

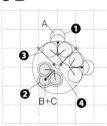

直径14mmの円を描き、8等分の線を描く。
❶外側から内側に向かって半分重なるように**A**2枚を刺し、両脇に1枚ずつ刺す。
❷①の間に**B**と**C**を重ねて図のように中心を刺し、両脇にも刺す。
❸中心側から針を出し、**G**1個、**F**1個、**J**3個を通して円周上に針を入れる
❹図のように、中心に立てる。

53

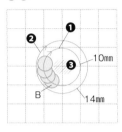

直径10mm、14mmの円を描く
❶**B**の裏を上にして小さい針目のリヴィエールで円を刺す。
❷①で刺した**B**のすぐ脇から針を出し、**B**で①同様に1周する。
❸**K**3個をまとめて刺したものをランダムに刺して埋める。

54

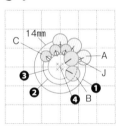

直径14mmの円を描く。
❶**AJ**を円の上に放射状に刺して1周する。
❷①の内側に**CJ**を**AJ**の間に入るように放射状に刺して1周する。
❸②の内側に**B**を放射状に刺して1周する。針目を小さくして刺し、少し立ち上がるようにする。
❹中心に**I**と**K**を5本立たせる。

55

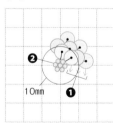

直径10mmの円を描く。
❶**B**、**E**を重ねてエカイユを3周する。
❷中心に**K**3個を立て、その周りに**K**2個を立てて埋める。

56

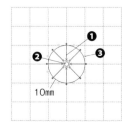

直径10mmの円を描く。
❶出から針を出し、**ABDJBEJEJ**の順に通し、入に針を刺しこむ。
❷中心に**J**1個を刺す。
❸円の外側に**J**3個を立てる

A 平丸 4mm P4（ペルリアン ライトマロン）
B 亀甲 4mm C4（オリエンタル ライトベージュ）
C 亀甲 3mm C3（イリゼ ライトマロン）
D 亀甲 3mm C3（オリエンタル マスタード）
E 亀甲 3mm C3（オリエンタル ブルーグレー）
F ドロップ 3.4 DP132FR（イエローフロスト）
G 竹 1.7×6 #2442（オーロラクリスタル）
H 竹 1.5×3 #2442（オーロラクリスタル）
I 竹 1.5×3 #23（パールピンク）
J 六角特小 15/0 #2235（グレイッシュホワイト）
K 六角特小 15/0 #2234（ストローイエロー）
L 六角特小 15/0 #359（ペールグリーン）

57

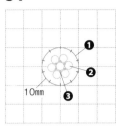

10mm

直径10mmの円を描く。
❶J 1個、B 1枚、E 1枚、J 2個をまとめて刺す。円周上に10回刺し、スパンコールを同じ方向に倒す。
❷Fを中心に1個、その周りに6個刺す。
❸Fの間から針を出し、K 3個を立てる。

58

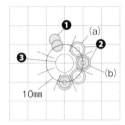

10mm

直径10mmの円を描く。
❶Eを2枚刺す。
❷(a)(b)を交互に円周上に刺す。
❸Bを裏を上にして中心に1枚刺し、両側を留める。その周りにBを裏を上にしてリヴィエールで刺す。8枚で1周する。もう一度すぐ脇から針を出し、Bの穴に糸を通して引きしめる。

(a) K / E / B　　(b) L / D / B

59

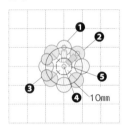

10mm

直径10mmの円を描く。
❶A、六角特小（JKL＊色はお好みで）、Iをまとめて刺す。Aの中心が円周上にくるように針を出す。
❷B、六角特小、Hをまとめて刺す。
❸AとBの間にCを刺す。
❹中心に六角特小を1個刺す。
❺①②で刺した竹ビーズをまたぐように六角特小とEで図のようにブリッジをかける。

E　六角特小 / 竹

60

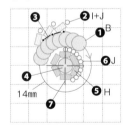

14mm

直径14mmの円を描く。
❶円周上にBをリヴィエールで刺す。
❷①のBの外側から針を出し、I、Jをまとめて風車のように刺す。
❸②のIとIの間から針を出し、KCBKCBを通して次のIとIの間に針を入れる。
❹中心にBを1枚刺す。
❺④の周りにHを刺す。
❻⑤の外側にJを刺して1周する。
❼HLHでブリッジをかける。

61

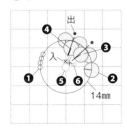

14mm

直径14mmの円を描く。
❶円周上にJをラインで刺す。
❷①のJに糸をかけながらAをエカイユで刺す。Jの上にのって外側が立ち上がる。
❸②の内側にもう1周Aをエカイユで刺す。
❹CHKGを通して外側から中心に向けて刺す。
❺中心にKBFを立てる。
❻④のGの間にD 2枚を立てて刺す。

❹ G / K / H / C（横から）
円中心　（外側）

❺ B / F / K

❻ D

62

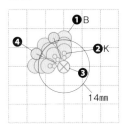

直径14㎜の円を描く。
❶Bを中心に向けてリヴィエールで3枚ずつ刺す。
❷①の一番内側のBの穴から針を出し、Kを2個刺す。
❸中心を刺す。

❹C1枚、J5個を通し、中心に向けて針を入れる。

63

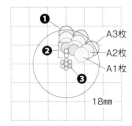

直径18㎜の円を描く。
❶Aを中心に向けてリヴィエールで刺す。3枚、2枚、
1枚と順に数を減らす。
❷①の一番中心に刺したAの穴から針を出し、E、J2個
をまとめて刺す。
❸中心にK2個を立てて7本刺す。

64

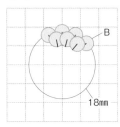

直径18㎜の円を描く。
❶Bをエカイユで刺す。3周する。
❷Dをエカイユで刺す。①の内側に2周する。
❸Dの裏を上にして②の内側にエカイユで1周する。
❹中心はDを立てるように針目を小さくして1枚ずつ
色々な方向に刺して埋める。

65

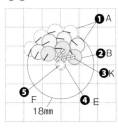

直径18㎜の円を描く。
❶Aをトゥッシュトゥッシュで2周刺す。
❷Bをトゥッシュトゥッシュで1周刺す。
❸Bの穴から針を出し、K3個を斜めに風車のように刺す。
❹③の内側にEを立てるように短い針目で内側に向けて
刺す。
❺中心にFを1個刺す。

A 平丸 4mm P4(ペルリアン ライトマロン)
B 亀甲 4mm C4(オリエンタル ライトベージュ)
C 亀甲 3mm C3(イリゼ ライトマロン)
D 亀甲 3mm C3(オリエンタル マスタード)
E 亀甲 3mm C3(オリエンタル ブルーグレー)
F ドロップ 3.4 DP132FR(イエローフロスト)
G 竹 1.7×6 #2442(オーロラクリスタル)
H 竹 1.5×3 #2442(オーロラクリスタル)
I 竹 1.5×3 #23(パールピンク)
J 六角特小 15/0 #2235(グレイッシュホワイト)
K 六角特小 15/0 #2234(ストローイエロー)
L 六角特小 15/0 #359(ペールグリーン)

66 フラワーレリーフ・1

花のボリュームを出したい時は、縁にワイヤーを入れます。形を調節でき、型崩れもしにくいので、立体ブローチやコサージュを作るのにぴったりです。

大きさの違うスパンコールを重ねて刺すことで、奥行きが出て色に深みが増します。花びらのグラデーションをうまく出せない場合は、刺し始める前に型紙に色分けをしてそれを見ながら刺すか、布に直接グラデーションで色分けし、その位置に来たら色を変えていきます。

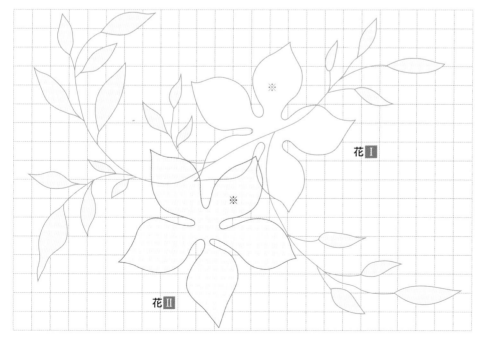

花 I II を別布に刺す
❶図案線に沿ってワイヤーをポワンリッシュで留めつける。（糸はスパンコールを刺すものと同じもので）。始めと終わりは5mmずつワイヤーを重ねる。針で刺す場合はワイヤーをすき間なく巻きかがりをする。

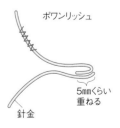

ポワンリッシュ

5mmくらい
重ねる

針金

［実物大］

❷花びらの外側から内側に向けて、エカイユで刺し埋めていく。以下の順でグラデーションになるように素材を組み合わせ、針で刺す。

Ⅰ 外側から
B＋C（2枚重ね）
↓
C（2枚重ね）
↓
C＋E 3個
↓
C＋A（2枚重ね）＋E 3個
↓
A＋E 3個

Ⅱ 外側から
H＋I（2枚重ね）
↓
I（2枚重ね）
↓
I＋K 3個
↓
I＋G（2枚重ね）＋K 3個
↓
G＋K 3個

＊針の出し入れは、ポワンリッシュの内側で。

❸裏からポワンリッシュの部分から少しはみ出すようにほつれ止めを塗る。＊ポワンリッシュはほつれ止めの役目をするステッチだが、アクセサリーなどに仕立てる場合はほつれ止めを塗るのがおすすめ。

❹ほつれ止めが乾いたらポワンリッシュのきわで布をカットする。

枝と葉を刺す
❺クロッシェの場合は表から、針の場合はチェーンステッチで刺し埋める。枝は何本か平行に刺して太くしていく。葉の内側を埋める時は、まず輪郭を刺し、ぐるぐるとエスカルゴで中を埋める。糸の色の割合はお好みで。

❻Mを❺で刺した葉の上にメタリックスレッドでランダムに刺す。

花を土台につける
❼花ⅠとⅡを位置に置き、中心を糸で留める。

❽花芯はDまたはJを埋まるだけ刺し、間にFまたはLを3個ずつ立てる。

（横から）

花Ⅰ
A 平丸 4mm P4（オリエンタル　ライトグレー）
B 亀甲 6mm C6（イリゼ　ダークグレー）
C 亀甲 5mm C5（イリゼ　ライトグレー）
D ロングドロップ 3×5.5 LDP2002（スモーキーグレー）
E 丸特小 15/0 #3330（ライトスモーク）
F 丸特小 15/0 #174（ライトブルーグレー）

花Ⅱ
G 平丸 4mm P4（メタリックマット　ライトゴールド）
H 亀甲 6mm C6（イリゼ　ダークマロン）
I 亀甲 5mm C5（イリゼ　マロン）
J ロングドロップ 3×5.5 LDP4202F（マットゴールド）
K 丸特小 15/0 #4691（マットベージュ）
L 丸特小 15/0 #1837（サンドベージュ）

Ⅰ Ⅱ 共通
アーティスティックワイヤー　26BANN

枝と葉
M 丸特小 15/0 #195（ゴールド）
糸：MIYUKI メタリックスレッド（ゴールド/ライトゴールド）

67　フラワーレリーフ・2

花びらを重ねて立体感のある花を表現。縁縫いをしないことで花びらのやわらかな表情を生み出すことができます。葉のしなやかな曲線にも注目です。

＊＊
クロッシェ＋針

花びらにダーツを入れると、ふくらみが出て立体感が出しやすくなります。別布で作った花びらを土台の布に縫いつける時の縫いつけ方でもふくらみ方が変わってきます。特に始めと終わりは動かないように返し縫いをして留めつけます。

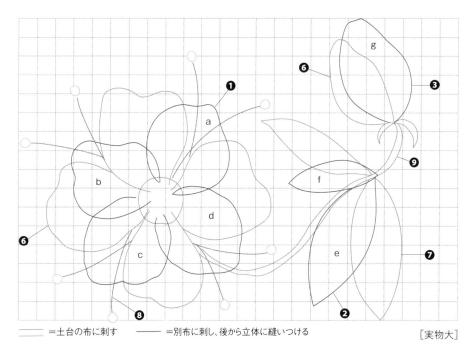

=土台の布に刺す　　=別布に刺し、後から立体に縫いつける　　　[実物大]

立体になる部分の花びら、葉、つぼみを別布に刺す
❶それぞれのパーツは布目を通して図案を描く。花びらをリヴィエールでEFを刺して埋める。1枚目は図案線に少しかかる位置から始め、一列ずつ外側から内側に向けて刺す。隣のスパンコールと間が空かないように、案内線はスパンコールの幅より気持ち小さくする。

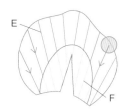

a

b

c

布目

d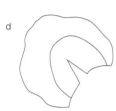

e

f

g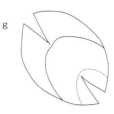

❷葉をリヴィエールで刺して
埋める。輪郭を刺してからエス
カルゴで中を埋める。Bで刺し、
時々Cを入れる。

❸つぼみをA→D→Fの順で
リヴィエールで刺して埋める。

❹ほつれ止めを周りに塗り、
布が見えないようにカットする。
花びらの下部分は布を3mm残す。
葉とつぼみは布を残さずカット
する。

❺花びらとつぼみのダーツ部
分を縫う。

土台の花を刺す

❻花びらとつぼみをA→Dの
順でリヴィエールで刺して埋め
る。

❼葉をBでリヴィエールで刺
し、エスカルゴで埋める。時々
Cを入れる。

❽おしべをJでラインで刺し、
先端にGを刺す。

❾茎をHでラインで刺す。と
ころどころにIを入れる。

**立体の部分を土台に縫いつけ、
花芯を刺す**

❿花は残した布が中心にかか
るように配置し、中心のライン
のみを留める。

ここを縫う

⓫葉は大きいほうは片側の根
元、中央、先端の3か所を留め、
小さいほうは根元と中央の2か
所をふくらみをもたせながら留
める。

⓬つぼみは上下を留めつけ、
ふくらみをつぶさないようにと
ころどころを留める。ダーツと
縫い留める位置で、うまく立体
のふくらみを出すように気をつ
けながら配置する。

⓭花芯にビーズを立てる。I5
～7個を通し、J3個で留めて
立てる(a)。aの内側に入るだけ
ビーズを立てる。長さがいろい
ろになるようIの数で調節する
(b)。

(a)

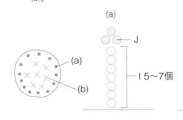

(a)

(b)

J

I5～7個

(b)

G

J

I6～9個

A　平丸4mm P4（ペルリアン　ライトマロン）

B　平丸4mm P4（イリゼ　オリーブグリーン）

C　平丸4mm P4（ポーセレン　アイボリー）

D　亀甲4mm C4（オリエンタル　ライトベージュ）

E　亀甲4mm C4（イリゼ　クリアイエロー）

F　亀甲3mm C3（オリエンタル　マスタード）

G　ドロップ3.4 DP132FR（イエローフロスト）

H　丸特小15/0 #4274（シャイングリーン）

I　丸特小15/0 #4201F（アイボリー）

J　六角特小15/0 #359（ペールグリーン）

68　赤い実

イメージしたのは秋の赤い実。秋色の葉の間にのぞく赤い実を、ぷっくりと丸く、おいしそうに仕上げます。

★★
針/クロッシェ+針

別布に刺したパーツの下に大きいビーズを刺しておくと、立体の部分が潰れずに形を保つことができます。立体部分のパーツには、小さくてもダーツをつけるとぽっこりとした形に仕上がります。

A 平丸 3mm P3(ナクロラック　ダークオレンジ)
B ソレイユ 3mm PS3(メタリック　ゴールド)
C 竹 1.5×3 #2035(ライト玉虫マット)
D 丸小 11/0 #3761(オレンジマロン)
E 丸特小 15/0 #3761(オレンジマロン)
F 丸特小 15/0 #2006(こげ茶マット)
＊丸特大(色は何でも)を2個用意する。

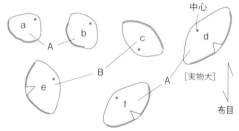

[実物大]

立体になるパーツを別布に刺す
❶それぞれのパーツは布目を通して図案を描く。輪郭をポワ・リッシュで刺す。ダーツの部分はシュネット(a)。

❷ABをリヴィエールで刺す。①のポワンリッシュの内側ギリギリに針またはクロッシェを刺すようにしてABでポワン・リッシュの糸を隠す(b)。

❸ポワンリッシュと少し外側の部分にほつれ止めを塗ってギリギリの部分でカットする。＊ほつれ止めはポワンリッシュが細かい針目できっちりしていれば必要ない。

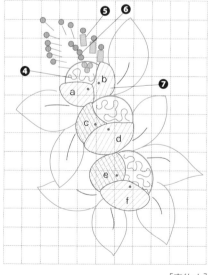

[実物大]

土台を刺す
❹Eでヴェルミッセルで面を埋める。立体の部分の下まで入り込むように。Eで埋めたあとDを上にいくつか刺す。

❺葉の輪郭を刺す。Cの先にFを1個刺す。クロッシェの場合はCFを交互にアンフィラージュしてポワンティレで。

❻葉の中心をFでラインで刺す。

❼立体のパーツを縫いつける。立体を保つためにd、fをつける土台布に丸特大ビーズを縫いつけておく。ダーツを縫い、丸みをつぶさないように細かい針目で縫いつける。

69　花ぶどう

たわわに実ったぶどうのように、スパンコールの花びらを重ねてボリュームのある花を作りました。
重なり合った花びらは、風が吹いたら飛んでいってしまいそうに軽く仕上げています。

★★
針/クロッシェ+針

針の場合は自然なグラデーションになるように、
そのつど刺す色を変えます。クロッシェの場合は
まずエカイユを1色で刺し、表に返して針でラン
ダムに色を足していきます。別布で刺すパーツは
ふち縫いをしないやわらかく仕上がる方法で作り
ます。

A 平丸4mm P4(オリエンタル ライトグレー)
B 平丸4mm P4(クリスタルリュストレ グレー)
C 平丸3mm P3(クリスタルリュストレ ライトグレー)
D 丸特小15/0 #1840(クリアダークグレー)
E 丸特小15/0 #347(ネイビーブルー)

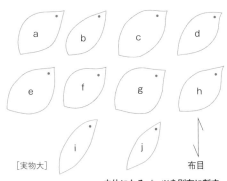

a　b　c　d

e　f　g　h

i　j

［実物大］　　　　　　　　　　　　　　布目

立体になるパーツを別布で刺す。
❶a〜hの花びらを刺す。花び
らの先端からAをエカイユで埋
めていく。根元部分はBで埋め
る。自然なグラデーションに
なるようにところどころにAの
上にBを重ねて刺す。(針の場
合は途中でBを入れながら刺し、
クロッシェの場合はA、Bのエ
カイユがそれぞれ終わったあと
に表から針でBをランダムに1
枚ずつ入れていく)。

図案線に
スパンコールの端が
かかって、図案線を
かくすように刺す。

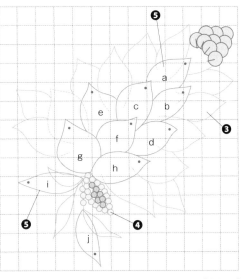

［実物大］

❷葉を刺す。Cをトゥッシュト
ゥッシュで刺し、エスカルゴで
埋める。Cの上にDを1目空ポ
ワンを入れながら1個ずつ刺す。
すべてのパーツにほつれ止め液
を裏から塗り、表から布が見え
ないようにカットする。

土台を刺す
❸花びらをエカイユで刺す。
刺し方は①同様。

❹茎と葉をDとEで刺す。茎と
輪郭をDでラインで刺し、内側
をEでヴェルミッセルで埋める。

❺立体の花びらをaから順に根
元を縫いつける。葉を縫いつけ
る。

70 追憶のレリーフ・1

ヨーロッパの古い建物で丸い天井を飾る四角いレリーフ。光が生み出す陰影に歴史を感じます。そんな
模様をビーズとスパンコールで表現しました。

**
クロッシェ+針

囲まれた図案を刺す時は、素材をちょうどよく収
めるために微調整をしながら進めます。最後に上
手く合わない時は、少しほどいて間を少しずつ狭
めたり広げたりして、最初と最後がきれいにつな
がるように調整します。

A 亀甲 3mm C3(オリエンタル ブルーグレー)
B 亀甲 3mm C3(オリエンタル マスタード)
C スクエア 1.8×1.8×1.8 #2642(アクアアンバー)
D 丸特小 15/0 #152FR(ブルーグレーマット)
E 六角特小 15/0 #2234(ストローイエロー)

❶Cをラインで刺す。

❷①のCの両脇にぴったりつ
くようにDをラインで刺す。

❸Bの裏面を上にして真ん中
を4枚リヴィエールで刺し、そ
のすぐ脇で針(またはクロッシ
ェ)の出し入れをし、B2枚を
両脇に刺す。

❹D3個をラインで刺す。

❺Aを7枚ずつ裏面を上に重
ねて両側を留める。

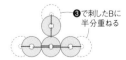

❸で刺したBに
半分重ねる

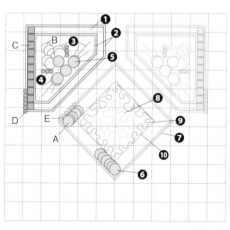

[実物大]

❻Aの裏面を上にしてリヴィ
エールでごく小さい針目で刺す。

❼⑥のAのすぐ外側をEでラ
インで刺す。

❽間に空ポワンを1目ずつ入
れながらDでヴェルミッセルで
埋める。

❾⑧と同様の刺し方で、Eで面
を埋める。

❿⑧⑨で刺した部分にBを間
に空ポワンを1目入れながらヴ
ェルミッセルで埋める。

71　追憶のレリーフ・2

こちらも規則正しく並んで古い建物を飾る正方形のレリーフをイメージして作りました。受け継がれて
きた装飾のモチーフはいつ見ても美しく、少し懐かしい感じもします。

★★
針/クロッシェ+針

スクエアと丸ビーズをきれいに放射状に刺すに
は、定規を使うと便利です。内側の円(円周が短
い方)から針を出し、中心と針を出した場所を通
るように定規を当てて針を入れる場所を決めます。

A 亀甲 3㎜ C3(オリエンタル　ブルーグレー)
B 亀甲 3㎜ C3(オリエンタル　マスタード)
C ドロップ 3.4 F41(トパーズ)
D スクエア 1.8×1.8×1.8#2642(アクアアンバー)
E 丸特小 15/0 152FR(ブルーグレーマット)
F 六角特小 15/0 #2234(ストローイエロー)

❶Bをトゥッシュトゥッシュ
で刺し、1周する。その上に空
ポワンを入れながら、EをBの
穴の上に刺す。

❷Eをラインで刺す。

❸Eをラインで刺し、正方形を
2つ作る。中心にCを1個刺す。

❹②のEの両脇にFをライン
で刺す。外側の正方形の真ん中
の列もFをラインで刺す。

❺DとFを交互に1個ずつライ
ンで刺す。

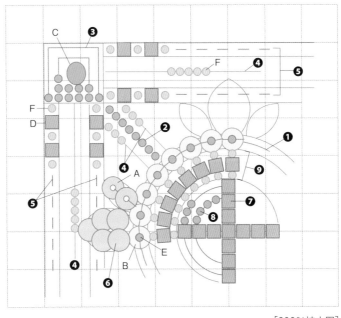

❻Aをトゥッシュトゥッシュ
で刺す。

❼Dを2段重ねにして、穴を
上に向けて刺す。

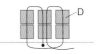

❽Eをコーチングステッチで2
本並べて刺す。

❾FDFをまとめて放射状に刺
す。

[200%拡大図]

72 追憶のタピスリー

浮彫からイメージしたデザインを、ブルーグレーとイエローの素材で刺繍をしたら、ていねいに織り込まれたタピスリーのようなモチーフになりました。

**
針/クロッシェ+針

ジグザグのラインをビーズで刺す時は、少し長めの針目で刺します。針目が小さいとジグザグにならず、直線のようになってしまいます。クロッシェでビーズのアウトラインステッチを刺す時は、前に刺したビーズに糸がひっかからないように、注意しながら刺し進めます。

A 亀甲 3mm C3(オリエンタル ブルーグレー)
B 亀甲 3mm C3(オリエンタル マスタード)
C ドロップ 3.4 F41(トパーズ)
D スクエア 1.8×1.8×1.8 #2642(アクアアンバー)
E 丸大 8/0 #3746(ブルーアンバー)
F 丸小 11/0 #3746(ブルーアンバー)
G 丸特小 15/0 #152FR(ブルーグレーマット)
H 六角特小 15/0 #2234(ストローイエロー)
糸：MIYUKI ビーズステッチ糸 Col.20(カーキ)

❶ビーズステッチ糸で表からシュネット(針の場合はチェーンステッチ)で刺す。

❷Gをジグザグに刺す。

❸Gを三角に刺す。

❹Dをラインで刺す。

❺Hをラインで刺す。

❻Aを裏面を上にしてリヴィエールで刺す。ごく小さい針目で詰めて刺す。

❼Hをラインで刺す。

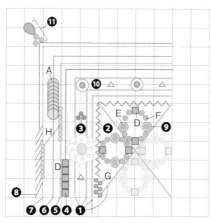

[実物大]

❽Gをアウトラインステッチで刺す。ひと針目に5個ずつ入れる。

❾まずDを2個刺し、Dに通しながらF2個、E、F2個を通し輪にする。Eの両側で布に留める。

❿Bをポワンティレで8枚刺す。中心にCを刺す。

⓫四隅にFとCを刺す。

73 エンブレム

フランスでよく見られる百合の紋章からイメージを得てデザインしたエンブレムです。ダークシルバー
と黒を基調としたことで、重厚さが出ました。色を変えれば雰囲気は大きく変わります。

★★
針/クロッシェ+針

まず輪郭線をまっすぐに、ぶれないように刺しま
す。その中にヴェルミッセルでビーズを刺し、上
にスパンコールをのせていきます。すき間がある
と上のスパンコールが傾いてしまうので、均一に
すき間なくビーズで内側を埋めていきます。

A ソレイユ 4㎜ PS4(ポーセレン 黒)
B 亀甲 3㎜ C3(ペルリアン グレー)
C スレンダービューグル 1.3×6 SLB 401F(黒マット)
D スレンダービューグル 1.3×3 SLB 401F(黒マット)
E 丸特小 15/0 #401(黒)
F 丸特小 15/0 #4222(ダークシルバー)

❶Bを Fで留める。

❷輪郭をラインで刺す。CDF
で刺し、先端にはEを十字に刺
す。

$$+ = \begin{matrix} 縦3個 \end{matrix} \rightarrow \begin{matrix} 横4個 \\ (ブリッジ) \end{matrix}$$

❸内側をFでヴェルミッセル
で埋める。刺したFの上にAB
を重ね、Eで留める。

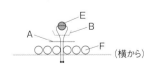

(横から)

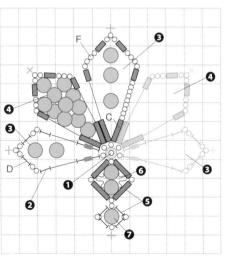

[実物大]

❹内側をABを重ね、Eで留め
たもので埋める。周りの空いて
いる部分はEで埋める。

❺②同様、輪郭をCDFでライ
ンで刺し、先端にはEを十字に
刺す。

❻③と同様にFで面を埋め、
その上にABを重ね、Eで留め
たものを2個刺す。

❼Eで面を埋め、その上にAを
Eで留める。

74 ロザス

ヨーロッパの建築装飾でよく見られるバラの花の形。天井のレリーフや教会建築にも使われるポピュラーなモチーフをビーズとスパンコールで表しました。

★★
針/クロッシェ+針

内側から外側に向かっていきます。一番外側、ビーズで縁を飾る部分は、3本のビーズの連なりが立体的に浮き上がるようになります。

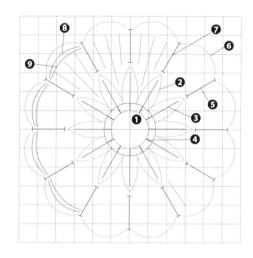

A 平丸 8mm P8(メタリック ダークグレー)
B 平丸 4mm P4(ペルリアン ライトマロン)
C スレンダービューグル 1.3×6 SLB 401F(黒マット)
D スレンダービューグル 1.3×3 SLB 401F(黒マット)
E 丸大 8/0 #650(ブライトグレー)
F 丸特小 15/0 #4251(シャイングレー)
G 六角特小 15/0 #337(シナモンピンク)

❶中心にAを刺す。十字にFとBを留める。

（横から）

❷14mmの線上から針を出し、放射状に12個Dを刺す。もう一度内側からDに針を通し、F10個を通して次のDに入れる。F10個は外側に引いて中心を留める。

❸Aを2つ折りにして❷の間に両側を刺して留める(a)。Aの内側の根元から針を出し、DGを刺す(b)。DGを通してF3個、G1個を斜めにつける(C)。

(a)

2つ折りA

(b)
G D
（内側）
（横から）
A

(c)

❹F2個をまとめて刺す。

❺GCGをまとめて刺す。

❻❺を通してGから針を出し、F5個、EFEFE、F5個の順に通し、次のGに刺しこむ。形を整えて数か所を布に留める。

❼Bを外側から内側に向けてリヴィエールで3本刺し、面を埋める。

❽❻同様❺のGから針を出し、F4個、EFEFE、F4個を通し、次のGに刺しこむ。

❾❺の外側のCとGの間から針を出し、FEFEFEFEFE、Fを通し、次のCとGの間に刺しこむ。

10mm
14mm

[200%拡大図]

75 カレイドスコープ

万華鏡で映し出したように、どの部分を切り取っても同じになるように刺すのがポイントです。立体感に溢れた、刺していて楽しいモチーフになりました。

★★
針/クロッシェ+針

たくさんの種類の素材を使うのと、立体になる部分が多く刺し方が少し複雑なので、ひとつひとつの工程を丁寧に進めていくことが大切です。図案線(円と放射線)をきちんとなぞって、全体のバランスに注意しながら刺し進めます。

A 平丸 8mm P8(メタリック　ダークグレー)
B 平丸 4mm P4(ペルリアン　ライトマロン)
C ソレイユ 5mm PS5(ポーセレン　黒)
D ソレイユ 4mm PS4(ポーセレン　黒)
E バレット 3×12(ポーセレン　黒)
F スレンダービューグル 1.3×3 SLB 401F(黒マット)
G 丸大 8/0 #23F(パールピンクフロスト)
H 丸特小 15/0 #401(黒)
I 丸特小 15/0 #4222(ダークシルバー)
J 六角特小 15/0 #337(シナモンピンク)

＊図案線は中心から直径5mm、16mm、26mm、30mmの円と16等分の線を描く。
❶Bをリヴィエールで、5mm円と16mm円の間を1周する。

❷16等分の線上にCとDを交互につける。放射状に両側を糸で留める。

❸Jをラインで刺す。

❹EとIを交互に8個ずつ通し、糸を引いて円を作る(a)。②で刺したCの穴から針を出し、GFIを通してEの穴に入れ、IFを通し、もう一度Gの穴に入れる(b)。

❺Eを2つ折りにし、H2個、E、H2個を通してEを立てる。Eが開かないように留めのプチポワンをする(c)。Eの輪の方をCの穴に入れて留める(d)。

❻Aを2つ折りにして3枚の折り目を合わせて留めつける(e)。3枚それぞれに半分ずつ重なるようにもう1枚ずつ刺す(f)。外側にDをHで留める。

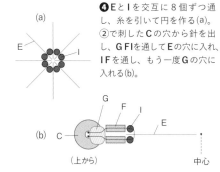

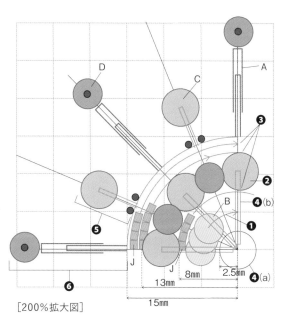

[200%拡大図]

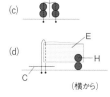

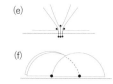

76　紋章

シャトーの壁に刻まれた紋章からイメージをふくらませ、秋色で構成したシンメトリーのエンブレムを作りました。金の亀甲スパンコールで咲かせた花がエレガントに輝くモチーフです。

★★
針/クロッシェ+針

亀甲スパンコールの裏面で花びらを刺す時、隣となるべく間を空けずに刺していきます。前に刺したスパンコールに半分のるくらいの近さで刺すと、ぷっくりとした花びらができあがります。

A 平丸 5mm P5(オリエンタル ベージュ)
B 亀甲 4mm C4(メタリック ゴールド)
C 亀甲 3mm C3(イリゼ ライトマロン)
D ロングドロップ 3×5.5 LDP 4201F(アイボリー)
E 竹 1.5×3 #2035(ライト玉虫マット)
F 丸小 11/0 #4201F(アイボリー)
G 丸小 11/0 #2035(ライト玉虫マット)
H 丸特小 15/0 #3761(オレンジマロン)
I 丸特小 15/0 #4204(ライトゴールド)

❶花の中心をHでヴェルミッセルで埋める。両脇にリヴィエールでC2列、B2列を刺す。BCともに裏面を上にし、針目を小さめに刺してふっくらと立体的にする。

❷Gをラインで刺す。

❸E、CHCを交互にラインで刺す。

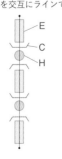

❹E、Hを交互にラインで刺す。

❺Aをリヴィエールで刺し、面を埋める。

❻G、Iを交互にラインで輪郭を刺す。

❼Gをヴェルミッセルで刺す。

❽HとCをムースで刺す。

❾中心にFを1個刺し、その上にDを3個刺す。

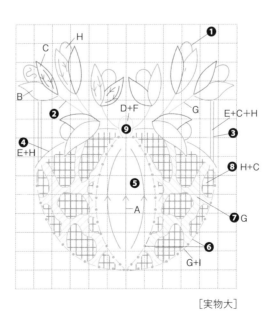

[実物大]

77　花の風車

白い石膏の壁や天井を飾る、花模様のレリーフ。暮らしの中に存在する小さな模様をつないで作ったモチーフです。風車のような動きが生まれました。

★★
針/クロッシェ+針

ソレイユを刺す線はゆるいカーブです。意識しないと真っ直ぐになってしまうので気をつけながら刺します。そこにのせる竹ビーズと丸ビーズも、少しずつ向きを変えながら刺していきます。

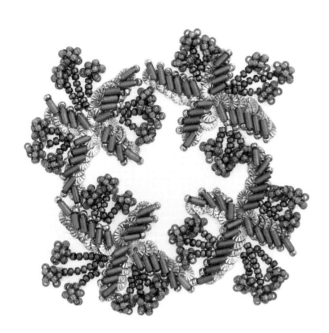

A ソレイユ 4㎜ PS4（メタリック　ゴールド）
B 竹 1.5×3 #2035（ライト玉虫マット）
C 丸特小 15/0 #3761（オレンジマロン）
D 丸特小 15/0 #4204（ライトゴールド）
E 丸特小 15/0 #2069（玉虫マット）

❶Cで実を刺す。中心に3個まとめて刺し、その上に斜めに4個、さらにその上に斜めに6個でブリッジをかける。

6個　　4個

3個

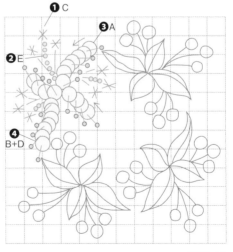

[実物大]

❷Eをラインで刺す。

❸Aをリヴィエールで刺す。針目は穴が少し見えるくらいにする。

❹③のAの穴から針を出し、BDをまとめて刺す。

78 ダイアログ

ヨーロッパの街で、そこかしこに見られる飾り模様。建物のファサード、アーケードのランプ、鉄の飾り看板。街で見つけた小さな模様を向かい合わせにして、竹ビーズでレリーフを表現しました。

★★
針

竹ビーズの6mmと3mmをうまく使いながら面を埋めていきます。合わせる丸小ビーズの色を替えることで、模様の区切りを表します。亀甲スパンコールで作る丸い花は、きゅっと小さくまとめるのがポイント。外側の8枚は針目が均等になるようにし、最後に通す糸で引き締めます。

❶CBと丸小（EFG）で斜めになるように刺し、面を埋めていく。図案の区切りごとに丸小の色を替える。全体を埋めるためにせまい箇所はCをDに替えて刺す。

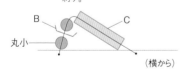

（横から）

A 亀甲 4mm C4（オリエンタル ライトベージュ）
B 亀甲 3mm C3（イリゼ ライトマロン）
C 竹 1.7×6 #2035（ライト玉虫マット）
D 竹 1.5×3 #2035（ライト玉虫マット）
E 丸小 11/0 #3761（オレンジマロン）
F 丸小 11/0 #2035（ライト玉虫マット）
G 丸小 11/0 #4201F（アイボリー）
H 丸特小 15/0 #3761（オレンジマロン）
I 丸特小 15/0 #4204（ライトゴールド）

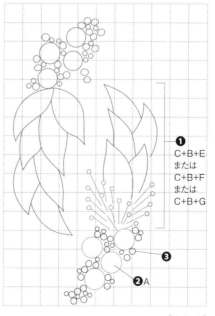

❶
C+B+E
または
C+B+F
または
C+B+G

❸

❷A

［実物大］

❷Aを裏面を表にして刺す。中心に1枚、両側を留めて刺す（a）。Aの周りに8枚Aを刺す。8枚で1周する（b）。bで刺した8枚の穴をすくい、糸を引きしめる。1周半くらいすると形を作りやすい。

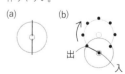

(a)　　　(b)

出

入

❸E、G、H、Iをランダムに②の周りに刺す。

柔軟に刺繍をするということ

　ビーズ・スパンコールの刺繍をしていると、図案線の長さに素材がうまく収まらない、ということがあります。竹ビーズをラインで刺したり、スパンコールをトゥッシュトゥッシュやアングレーズで刺すなど、特に大きめの素材を使う場合です。竹ビーズをあとひとつ刺したら図案線から出っ張ってしまう、でもここでやめてしまうとすき間が空きすぎる。そのひとつを入れるか入れないかで悩むというのは、素材の大きさが決まっている限り、頻繁にあることです。

　そんな時はちょっとほどいて、ぴったりに素材が収まるよう針目の長さを調節しながら刺し直します。少し詰め気味に刺してひとつ多く入れるか、少し針目を大きくして素材の間隔を広くしてぴったりに収めるかですが、今度はそれをどちらにするかでまた悩んでしまいます。

　というのも、ビーズを詰めすぎて刺すと、刺繍枠から外した時にギュッと詰まって、表面に収まらずに浮いてきてしまいます。特に竹ビーズはひとつひとつの間もそうですし、列の間隔が狭すぎてもビーズどうしが押されて表面から浮いてしまい、残念な仕上がりになってしまいます。
　ビーズやスパンコールにはちょうどいい具合のすき間を作ってあげることが必要なのです。とりわけドレスなどに刺繍をする時は、この「素材が呼吸できるすき間」というのがとても大切。
　例えばドレスの表面にリヴィエールで刺すときなど、ちょうどいい針目だと素材が流れるような自然なラインになり、布のドレープと重なってとても美しく見えるのです。

　逆に小さいアクセサリーなどを刺す時は、変にすき間が空いていると、これまた残念な感じになってしまいます。素材と素材をできるだけすき間なく埋められたほうがきれいです。

　つまり、図案線に合わせてひとつ多く素材を入れるのか、針目を大きくして調節するのかという問題は、その時に空いているすき間の大きさと何を作るのかで「臨機応変に対応する」ということにつきると思います。

　この臨機応変な対応をする場面というのが、ビーズ・スパンコールの刺繍ではたびたび出てきます。図案は毎回違いますし、素材も毎回違います。土台となる布も、仕上げの縫製の仕方も同じではありません。そうなると、そのたびにその作品に合った刺繍をする必要があります。
　針目の長さだけでなく、糸を引く強さ、ステッチの針運びや刺し方の順序なども、ケースバイケースで変えます。このステッチはこうしなければ、という既成概念にとらわれず、自分がいいと思う刺し方を試してみることを繰り返していくうちに、少しずつ臨機応変な対応ができるようになってくるのだと思います。
　大切なのは、仕上がった時に全体のバランスが整った刺繍が施されているかどうか。細かなことに気を配りつつも全体を見ることを忘れずに、「美しい」と自分が思える作品を作っていきたいですね。

79 虹色ストライプ

虹色に輝くスパンコールが上からのぞくストライプのガロン。光があたる角度で虹色が微妙に変化します。シックな色合いでいろいろな場面に合うモチーフです。

★
針/クロッシェ

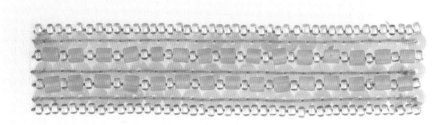

スパンコールをまず刺して、その間を埋めるようにビーズを刺します。ビーズはスパンコールに少しのるような形になります。

A 平丸 4mm P4(イリゼ ライトグレー)
B スクエア 3×3×3 #2412FR(ライトグレーフロスト)
C 丸小 11/0 #2268(クリアグレー)

[実物大]

❶Aをトゥッシュトゥッシュで3本刺す。

❷Cをラインで刺す。

❸C1個、B1個を交互にラインで刺す。

80 ショートリフレイン

短いラインを繰り返し何本も刺して作ったガロンです。ポイントはやはりソレイユのスパンコール。グレーとシルバーの相性の良いシックな色合いでまとめました。

★
針/クロッシェ

クロッシェで刺す場合は3種類のアンフィラージュが必要です。丸小とソレイユをまとめて刺す時は、針目が小さくなりすぎないように気をつけながら刺し進めます。

A 平丸 4mm P4(イリゼ ライトグレー)
B ソレイユ 3mm PS3(メタリック シルバー)
C スクエア 3×3×3 #2412FR(ライトグレーフロスト)
D 丸小 11/0 #2268(クリアグレー)
糸:MIYUKI メタリックスレッド(シルバー)

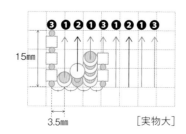

[実物大]

❶A、Bを交互に1枚ずつリヴィエールでメタリックレッドで刺す。方向は下から上へ。

❷B1枚、D1個、A1枚をリヴィエールで刺す。BDはまとめて1ポワンで刺す。

❸D、Cを交互に1個ずつ刺す

81　ぽんぽんラティス

スクエアビーズの格子の間からのぞく白いぽんぽん。ドロップビーズの頭がかわいらしく飛び出たモチーフです。フロスト系のビーズを合わせると、なんだか美味しそうに見えるから不思議です。

★★
針/クロッシェ+針

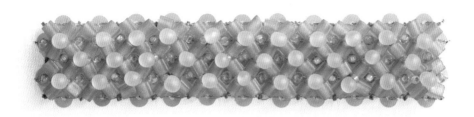

スクエアは格子のラインの真ん中にくるよう刺していきます。クロッシェで刺す場合は、間に空ポワンを入れていきます。スクエアのような大きい素材を刺す時は、糸に緩みがないように注意しながら刺し進めてください。

❶Aをアングレーズでメタリックスレッドで、横5列を刺す。スパンコールとスパンコールの間はシュネットで。

❷Bを刺す。

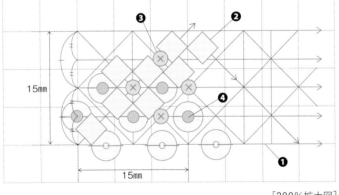

[200%拡大図]

❸格子が交差する部分にE、Cを立てる。

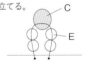

❹①で刺した真ん中の3本の列のAの穴の上にDを刺す。

A 平丸 4mm P4（イリゼ ライトグレー）
B スクエア 3×3×3 #2412FR（ライトグレーフロスト）
C ドロップ 3.4 DP131FR（オーロラクリアフロスト）
D 丸小 11/0 #2268（クリアグレー）
E 丸特小 15/0 #551（ブリリアントホワイト）
糸：MIYUKI メタリックスレッド（シルバー）

82　スキップライン

規則正しいビーズのラインの間からスパンコールとビーズがぴょんぴょん飛び出て、まるで素材が自由にスキップしているよう。あちこちに向いたスパンコールがきらきらします。

★
針/クロッシュ+針

数本並べてスパンコールをラインで刺す場合、進行方向を必ず同じにします。トゥッシュトゥッシュの場合、横の線はどちらの方向でも構わないので、得意な方向で刺していきます。

A 平丸 3mm P3（クリスタルリュストレ ライトグレー）
B 竹 1.5×3 #23（パールピンク）
C 丸特小 15/0 #152F（グレーマット）
D 丸特小 15/0 #215（ピンクホワイト）

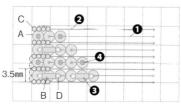

[実物大]

❶Aをトゥッシュトゥッシュで4本刺す。

❷Cをラインで5本刺す。

❸DBDを①で刺したAの上に刺す。

❹ADをひとつおきにAの上に刺す。

83　小舟を並べて

スパンコールを折って小舟のようにしてビーズをのせてあげると、まるで港のよう。角度が微妙に変わるのでレインボーの色が鮮やかになるのも素敵です。

★★
針/クロッシュ+針

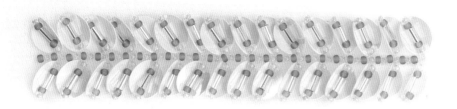

折ったスパンコールは浮きやすい素材です。ビーズをのせる前に、まず糸でしっかりと留めます。ひとつごとに留めのプチポワンをしながら刺し進めていきます。

A トップホール 8mm TH8（オリエンタル アイボリー）
B 竹 1.5×3 #23（パールピンク）
C 丸特小 15/0 #152F（グレーマット）
D 丸特小 15/0 #215（ピンクホワイト）

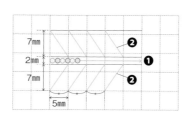

[実物大]

❶CDを交互にラインで刺す。

❷Aを半分に折り、反対側にも穴を開ける。斜めに折り目がくるように配置し、両端を留める。中心側にDを1個刺し、外側に向けてCBCDをまとめて刺す。

84　ひらひら

スパンコールとドロップビーズが素材の上にのってひらひらしているイメージのガロン。トップホールの虹色に光る大きな面がちょっと浮いて、不規則に光を反射するのがきれいです。

★
針

トップホールは色々な使い方が出来る楽しい素材です。ここでは平たい面の上にフリンジを作ります。フリンジを作るビーズの種類や数を変えたり、上段からフリンジを垂らしたり、いろいろなバリエーションが考えられる図案です。

Ⅰ 下段を刺す
❶ Aを刺す。

❷ ①の穴から針を出し、BDを通して上方向に針を入れる。

❸ 留めのプチポワンをひとつしてDにもう一度針を通し、GEGCGを通してAの上にフリンジを作る。

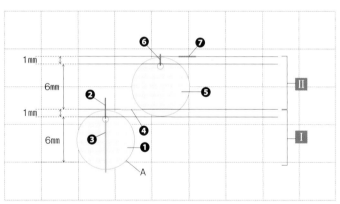

[200%拡大図]

❹ ②で刺したDの間にGDGを水平に刺し、Dの上下にFを1個ずつ刺す。

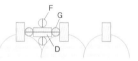

Ⅱ 上段を刺す
❺ Aを刺す。

❻ ⑤のAの穴から針を出し、BGEGを通し、まとめて刺す。

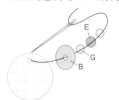

❼ AとAの間にDを水平に刺し、Dの上下にFを1個ずつ刺す。

A トップホール 8mm TH8(オリエンタル　アイボリー)
B 平丸 4mm P4(クリスタルリュストレ　グレー)
C ドロップ 3.4 DP131FR(オーロラクリアフロスト)
D 竹 1.5×3 #23(パールピンク)
E 丸小 11/0 #152F(グレーマット)
F 丸特小 15/0 #152F(グレーマット)
G 丸特小 15/0 #215(ピンクホワイト)

85 ショートブリッジ

ビーズの描く弧が幾重にも行き交い、まるでいくつもの橋が並んだようなモチーフ。あいだに入った銀色のスパンコールは石を投げてできる水紋のようなアクセントを生んでいます。

★
針/クロッシェ+針

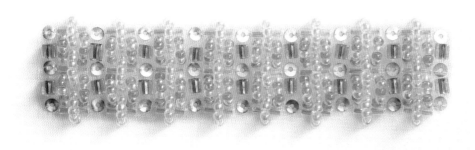

最初の3列が後の素材を刺す時の指標となるので、3本の素材の位置がぴったり揃うように刺していきます。感覚で合わせることが難しい場合は、図案に位置を入れておきます。

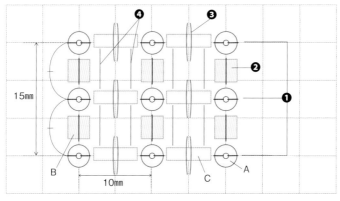

[200%拡大図]

❶横の3列をA、Cを交互に刺す。Aはアングレーズで。

❷AとAの間、縦の列にBを刺す。

❸①で刺したCの中心をまたぐようにD6個でブリッジをかける。

❹D、Eをランダムに混ぜて6個をまとめて刺す。

A 平丸 3mm P3（メタリックマット　シルバー）
B スクエア 3×3×3 #3423（クリスタルベージュ）
C 竹 1.7×6 #2442（オーロラクリスタル）
D 丸小 11/0 #3504（パールエクリュ）
E 丸小 11/0 #2370（ライトピーチ）

86　ペアブリッジ

スパンコールを土台にしたかわいらしいブリッジが2つ重なるように、まるで手をつなぐかのようにクロスして構成されています。

②で左右のブリッジを糸で引いてくっつけます。
間が空いてしまわないように糸をよく引き締めてください。

❶縦の列を刺す。

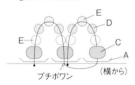

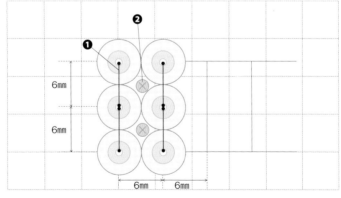

[200%拡大図]

❷B、E2個を通し、①で刺した一番上のE2個に糸を通し、再びE2個、Bに針を入れる。左右のEの間が開かないように糸をよく引きしめる。

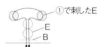

①で刺したE

A 亀甲 6mm C6（イリゼ　ライトグレー）
B 平丸 3mm P3（メタリックマット　シルバー）
C 丸大 8/0 #3740（グリーングレー）
D 丸小 11/0 #2370（ライトピーチ）
E 丸小 11/0 #3504（パールエクリュ）

87 レインボーエカイユ

魚のうろこのようにスパンコールが重なり合うステッチ、エカイユ。太陽の光をきらきらと反射する海辺のような雰囲気で、透明な素材が引き立ちます。

★★
針/クロッシェ+針

亀甲スパンコールの裏面を表に使うと、ふっくらとボリュームのある仕上がりになります。特にここではエカイユを詰めて刺していくことで、存在感のある面が出来上がります。

❶Aの裏面を上にしてエカイユで刺す。列の間隔を詰めて刺す。

❷CとDを交互にラインで刺す。

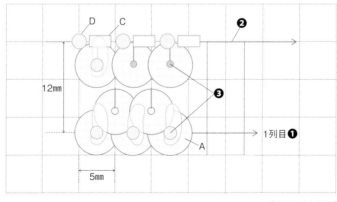

[200%拡大図]

❸Aの上にBDを立てる。①で刺した1列目と最後の列のAの穴から針を出し、BをDで留める。

A 亀甲 6mm C6(イリゼ ライトグレー)
B ロングマガタマ 4×7 LMA1(クリスタル)
C 竹 1.5×3 #2442(オーロラクリスタル)
D 丸小 11/0 #2370(ライトピーチ)

88　ビーズ回路

重なるスパンコールのラインを基盤にして、竹ビーズと丸ビーズがそれをつなぐ回路を作りました。電子回路のように縦に横につないでいくことでいろいろと応用ができます。

★★
針／クロッシェ＋針

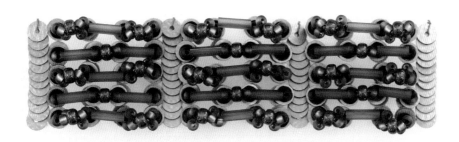

ブリッジをさらにブリッジでつないでいきます。素材が生地から浮いてつくので、オーガンジーなどの透ける布に刺す時は、裏側に斜めに糸が渡らないように刺し進めます。

A 平丸 4mm P4(メタリックマット　ローズ)
B 亀甲 3mm C3(オリエンタル　ダーク玉虫)
C 竹 1.7×6　#152F(グレーマット)
D 丸大 8/0 #386(スモーキーマゼンタ)
E 丸小 11/0 #21F(グレーフロスト)

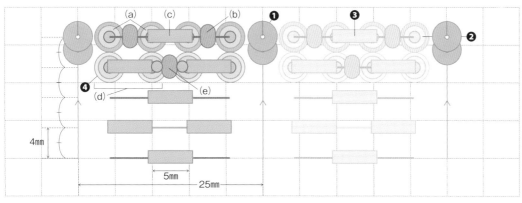

4mm

5mm

25mm

［200％拡大図］

❶Aをリヴィエールで刺す。

❷ブリッジをかける。まずはA2枚、B2枚、E5個で、2本立てる(a)。

2本の間にDを通してつなぐ(b)。

❸ブリッジをつなぐ。②の2本と2本の間をCでつなぐ(c)。

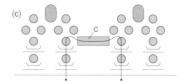

❹図のように通してブリッジを2本立てる(d)。間をEDEでつなぐ(e)。

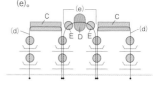

89　クロスブリッジ

ブリッジモチーフの応用で、4つのビーズと間に入れた3枚のスパンコールで小さなブリッジをいくつも
重ねていきます。おしくらまんじゅうのようにガヤガヤと集まった姿がかわいらしいです。

★
針

刺し方や素材の重なり方によって、外側から内側
に刺すか、逆に内側から外側に刺すかが決まって
きます。③では先に刺した内側の素材との隙間が
空かないように、Cに向けて針を刺し込んでいき
ます。

❶中心にC1個を刺す。

❷①のCのすぐ脇から針を出
し、上下左右にE、Bをまとめ
て刺す。

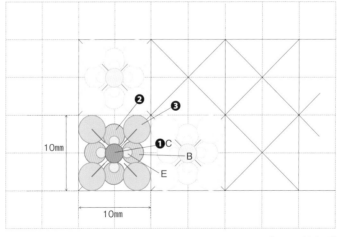

10mm

10mm

[200%拡大図]

❸図案の角の内側にAの端
が来る位置から針を出し、
EADAEBEの順に通してCに
向けて針を刺しこむ。

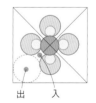

出　　　入

A 平丸 4mm P4（メタリックマット　ターコイズ）
B 亀甲 3mm C3（メタリックイリゼ　ダーク玉虫）
C 丸大 8/0 #3765（ターコイズ）
D 丸大 8/0 #21F（グレーフロスト）
E 丸小 11/0 #21F（グレーフロスト）

90 リトルバタフライ

列をなして飛び立とうとする蝶を思い起こさせるモチーフ。鮮やかな青の小さな羽が規則正しく並んで、
印象的な文様となりました。

①は図案線の内側にスパンコールの端がくるよう
に刺します。スパンコールの大きさを考えながら、
始まりのポワンを入れていきます。

❶Aを5枚ずつリヴィエールで
刺す。

❷Bの裏面を上にしてリヴィ
エールで、上下2本刺す。

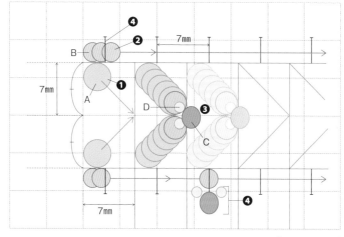

[200%拡大図]

❸①の一番内側のAの穴から
針を出し、BDを通して刺し、
真ん中にC1個を刺す。

❹DCDをまとめて刺す。

A 平丸 4mm P4(メタリックマット ターコイズ)
B 亀甲 3mm C3(メタリックイリゼ ダーク玉虫)
C 丸大 8/0 #3765(ターコイズ)
D 丸小 11/0 #21F(グレーフロスト)

91 プティロン

小さな円をビーズとスパンコールの組み合わせで作ることで、表情が生まれます。横から見るとより立体的。色の合わせ方で多彩なイメージが作れそうです。

★
針／クロッシェ＋針

円の表情が全体の雰囲気を決める図案です。きれいな丸になるように、半円の途中を留める場合は針の出し入れを布と垂直にして、形がゆがまないように注意します。

❶ C 1個を留めつけた後、もう一度Cに針を通し、BEを通す。半円ができたらCを留めつけ、もう一度針をCに通して残りの半円を作る(布に留めるのはCだけ)。もっとしっかり留めたい場合は形をきれいに整えてから数ヶ所を留めつける。

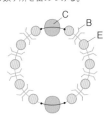

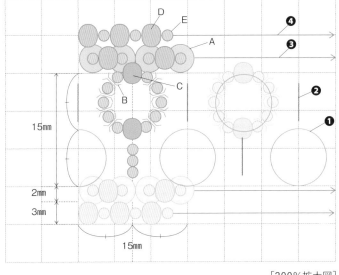

[200%拡大図]

❷ E 3個をラインで刺す。

❸ AEDEAの順にまとめて刺す。

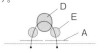

❹ D、Eを交互にラインで刺す。

A 平丸 4mm P4(メタリックマット ターコイズ)
B 亀甲 3mm C3(メタリックイリゼ ダーク玉虫)
C 丸大 8/0 #3765(ターコイズ)
D 丸大 8/0 #21F(グレーフロスト)
E 丸小 11/0 #21F(グレーフロスト)

92　スクエアフラワー

ストレートな竹ビーズのラインと規則的な花のモチーフで、建築の装飾を思わせる文様になりました。
花の構造が少し機械的なところが不思議なコントラストを生みます。

★
針/クロッシェ+針

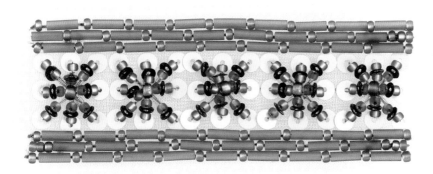

素材をまとめて刺す時は、クロッシェで刺す場合
アンフィラージュが必要になります。亀甲スパン
コールが入る場合は表から通すか、裏から通すか
を考えながらアンフィラージュします。この図案
では8方向から内側に向かうので、ポワンティレ
で刺すことになります。

❶図案線の外側から内側に向
けてAFBFを一度に通してま
とめて刺す。Aの端が図案線の
内側にくるように針を出し入れ
する。

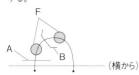

（横から）

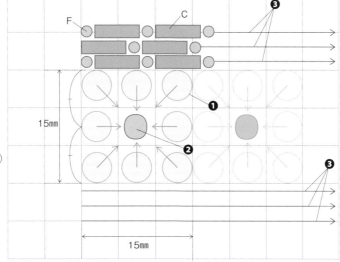

❷DまたはEを1個刺す。

❸上下に3本ずつ、FとCを
交互にラインで刺す。

15mm

15mm

［200%拡大図］

A 平丸 4mm P4（メタリックマット　黄緑）
B 亀甲 3mm C3（メタリックイリゼ　ダーク玉虫）
C 竹 1.7×6 #152F（グレーマット）
D 丸大 8/0 #3764（エバーグリーン）
E 丸大 8/0 #21F（グレーフロスト）
F 丸小 11/0 #21F（グレーフロスト）

93　重ねがさね

スパンコールを細かく一列に重ねたラインで、ストライプ模様を構成。色やサイズの組み合わせを自分
なりにいろいろ工夫しながら試せるモチーフです。

★★
針／クロッシェ＋針

スパンコールの上からビーズを斜めに並べて刺す
時に斜めの角度がばらばらにならないように刺し
ます。ビーズを取ったら糸の根元まで入れます。
ここで斜めの角度を定めて、針を垂直に立てて刺
します。糸と針の扱い方がポイントになります。

❶Aをリヴィエールで刺す。
真ん中の列と上下の列では進行
方向を逆にする。真ん中の列
は穴がかくれるくらいの針目で、
上下の列は穴が見えるくらいの
針目で刺す。

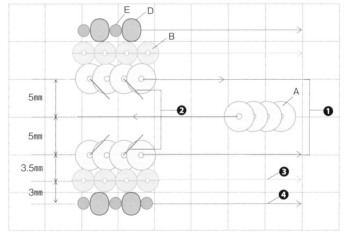

[200％拡大図]

❷Aの穴から針を出し、FCF
をまとめて斜めに刺す。針を出
すのはAをひとつおきに。斜め
の角度がきれいに並ぶように
針を入れる位置を調節しなが
ら刺す。

❸Bをアングレーズで刺す。

❹EとDを交互にラインで刺す。

A 平丸 4mm P 4（メタリックマット　黄緑）
B 亀甲 3mm C 3（メタリックイリゼ　ダーク玉虫）
C 丸大 8／0 #3764（エバーグリーン）
D 丸大 8／0 #21F（グレーフロスト）
E 丸小 11／0 #3764（エバーグリーン）
F 丸小 11／0 #21F（グレーフロスト）

94　緑のコンポジション

正面から見ると、たっぷりと実をつけたぶどうが木にぶらさがっているようですが、実は小さなブリッジの集合体。まるまるとした立体感を出すのにもこの手法が使えます。

★★
針/クロッシェ+針

いくつもの素材を通してまとめて刺す、を繰り返す図案です。糸に緩みがないように刺し進めます。ひと針目ごとに留めのプチポワンをします。

❶ AFDFBDBFDFA の順に一度に通してまとめて刺す。

❷ AFEFCFEFAの順に一度に通し、①をまたぐようにまとめて刺す。

❸ B、F3個、BDB、F3個、Bを一度に通し、①をまたぐようにまとめて刺す。

❹ ②の下段、Aのすぐ下から針を出し、CFCをまとめて下に向けて刺す。

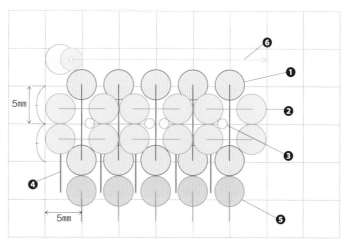

[200%拡大図]

❺ ①の下側の**A**の下に、**A**の両側に**F**を入れて刺す(a)。aの**A**の穴から針を出し、下側の**F**に通して**FBCB**を通してフリンジを作る(b)。

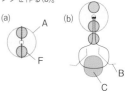

❻ **A**、**B**を交互にリヴィエールで刺す。

A 平丸 4mm P4(メタリックマット　黄緑)
B 亀甲 3mm C3(メタリックイリゼ　ダーク玉虫)
C 丸大 8/0 #3764(エバーグリーン)
D 丸大 8/0 #21F(グレーフロスト)
E 丸小 11/0 #3764(エバーグリーン)
F 丸小 11/0 #21F(グレーフロスト)

Chemin de création
クリエイションの道筋

ビーズ・スパンコールの刺繍は、すでにある素材を組み合わせて作るアートです。形や色、大きさが違う素材のどれを使うか、組み合わせはどうするか、どのステッチでどの部分を刺すのか、と考えていくと無限に可能性があることに気づきます。自分だけのクリエイションのために、限りないデザインの種をどう育てていくか。それを考えながら手を動かしていくことが刺繍をする上で何よりも楽しい時間です。ここでは植物の図案をもとに私が展開した刺繍を紹介しながら、クリエイションがどのような道筋をたどって形になっていくのかを見ていきます。

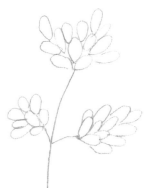

シンプルな線がアートに変わる

　この植物の図案は、シンプルな線のみで成り立っています。その単純な線が素材の重なりで豊かな表情を持つ植物となる、それがビーズ・スパンコール刺繍の醍醐味です。

　図案が決まったら素材選び。まずメインに使いたい素材を選び、そこから展開させていきます。ここではオリエンタルのペールオレンジのスパンコールをメインに、それにライトゴールドのソレイユを合わせることで華やかさがプラスされました。さらにトパーズのドロップビーズで立体感を出し、印象的な形に仕上げます。

　茎や花芯など細かい部分は、メインの花を刺し終わったあと全体を見ながら合わせていきます。

　花と茎まで刺したところで全体がオレンジベージュ系にまとまり、最後に少しだけ花芯に青紫をプラス。反対色に近い差し色を入れることでナチュラルな表情が出ました。

命を吹き込む立体表現

　すでに形や大きさが決まっているビーズやスパンコールは、図案の大きさやデザインに合った素材を
セレクトすることが大切。逆もしかりで、使いたい素材があったら、その大きさ、形に合うデザインを
考えます。

　ビーズ・スパンコール刺繍は、糸だけの刺繍と違って質量があるので、図案線ぴったりにならないこ
とも。図案は「絵」であると同時に「素材をのせていく案内線」と考えるといいでしょう。線を意識しつつ
も、それを平面的になぞるというより、質量のある素材を組み合わせて立体感をイメージしながら構築。
素材の形や大きさに合わせた工夫を楽しみつつ、自分なりの表現を探っていきます。

　素材をまとめて刺したり、後からつけ足したり、立体にする方法はさまざま。より深い表現のために
素材を重ねる。この図案では、花も葉も、陰影を意識しながら素材をつけ足し、重ねていきました。単
純な図案が立体になり、生命を帯びた花に生まれ変わりました。

心地よいハーモニーを構築する

　小さい図案でも大きい図案でも、全体のハーモニーを考えながら素材を選び、刺繍をしていくことが大切です。

　この図案は右側が直線的な幾何学模様、左側が有機的な植物模様と、性格の違ったもので構成されています。右側はブルーグレー、左側に淡いサーモンピンクとベージュをメインカラーに選択。寒色系と暖色系にまとめたことで、それぞれの持ち味を強調しています。

　3種類の花はそれぞれでステッチを変えて違いを表現。風が吹いたら揺れそうな花びらを、折ったり重ねたりしたスパンコールと斜めに立てた竹ビーズで表しました。右側はインパクトのあるスクエアビーズを入れて立体感のある印象的な線を作りつつ、3mmの亀甲スパンコールの裏でリヴィエールを重ねたり、丸ビーズのアウトラインステッチで丸みを帯びた線を作り、植物の有機的な線とバランスの取れたやわらかい表現をしています。

　たくさんの部分から構成された図案では、ひとつひとつを刺すことに夢中になってしまいがちですが、つねに途中で全体の調和を確認しながら刺し進めます。特に大きな図案を刺す場合には大切なことです。ハーモニーとバランス。これがうまく1枚の刺繍のなかで構築されていると、人が心地よいと感じられる刺繍に仕上がります。

Règles basiques 応用作品の前に、基本的なこと

　デザイン、素材、テクニックを駆使してひとつの作品を作り上げるまでにはトライ・アンド・エラーの繰り返しですが、その過程を大事にしながら次のステップへ進んでいけたらといつも思っています。
　ビーズ・スパンコール刺繍をするにあたって、基本的なルールがあります。それは作品を美しく長持ちさせるための技術的なルールです。そのルールとは、以下の５つのこと。

・素材を縫いつけた糸が緩まないように、必要な箇所でプチポワンをしながら刺し進める。
・裏に糸を長く渡らせない。
・ちょうどいい糸の引き加減で刺繍する。
・素材、デザインに適した糸を選ぶ。
・布目を通す。

　どのタイミングでプチポワンを入れるのか、糸の引き加減などは、経験でしか得られない感覚的なものです。特にクロッシェの刺繍は繰り返し何度も刺すことで、技術の向上とともにその先に行くための道筋が見えてきます。
　そして上記のルールを守っていれば、あとは規制はありません。素材の組み合わせ方も、構成の仕方も、自由に発想を広げていくとより深いクリエイションにつながっていきます。たった１本の線でも、いくつもの表現が可能なビーズ・スパンコール刺繍。何よりも楽しんで創作することがいい作品を作ることに欠かせないプロセスです。

Niveau avancé　応用作品

Motif15から応用。

Bonbonnière

　ボンボニエールは飴を入れる容器。その用途にちなんで、キャンディカラーのドロップビーズをあしらいました。透き通るガラスの容器には透明な素材を合わせて。窓辺に置けば光を通して、きらきら輝きます。

　これはモチーフ15（44ページ）のベースのスパンコールの大きさを変えて作っています。図案線を広げて格子の間隔を広くとることでも透明感が増して光の透過が美しいです。

　まずは透けるオーガンジーやチュールに刺し、それを透明なボンドで貼りつけています。上辺からボンドを塗り、少しずつずれがないようにていねいに貼りつけていきます。ボンドは時間が経っても変色しないものを選ぶのがポイントです。使いやすさがものによって違うので必ず試し塗りをして、自分が使いやすいと思うものを選びます。

Petite pochette à sac

　エコバッグを入れて持ち歩くためのプチバッグ
です。普段のバッグの持ち手につけてチャームの
ようにすれば、シンプルなバッグのデコレーショ
ンになります。

　モチーフ12（41ページ）の３㎜亀甲スパンコー
ルを４㎜の平丸スパンコールに変えて図案線を
広げています。３色を使い、十字の模様を入れた
のもポイント。ミシンで四方を縫う時は、ミシン
目に近い部分は素材をつけないでおきます。ミシ
ンをかけてから針で足りない部分を刺し足します。

　スパンコールはどうしても引っかかってしまう
素材です。特にここではリヴィエールで刺して端
が浮き上がっているため、バッグの中に入れて出
し入れするというより、バッグの外に取りつけら
れるようにしました。普段使いのものですので、
少し厚みのあるリネンに刺繍をしています。

Motif12から応用。

123

Emblèmes

ゴールドの素材で刺したエンブレム。男性用のジャケットにも映えるアイテムです。フェルトに刺しているので針通りがよく、どこに縫いつけるのも簡単です。

モチーフの図案を応用して、素材と刺し方を変えています。ゴールドはマットとブリリアントでコントラストをつけて。フェルトに刺す時は、刺繍枠にオーガンジーなど薄い生地を張って、その上にカットしたフェルトをまち針で留めるか糸で仮留めして刺します。図案は薄葉紙などに描いたものをのせて一緒に刺して後から紙を破くか、図案に針などで穴を開けてペンでなぞるなどの方法があります。

Motif**78**、Motif**71**から応用。

124

Porte-clés

　ポルト・クレはキーホルダーのこと。中に金属
の輪っかがついていて、鍵を通せるようになって
います。紐を引き上げると鍵が中に隠れ、紐を長
くすればネックレスのようにも使えます。しっか
りとしたシャープな作りにするために、革に刺繍
をしました。針の出し入れの時の力加減に少しコ
ツがいりますが、薄い布とは違った印象を得られ
ます。
　革は金属の鍵が触れてもあたりが出ない、ある
程度厚みのあるものを選びます。素材自体を刺繍
枠に張れない時は、オーガンジーなど薄い生地を
張って、型紙より少し大きめにカットした革をそ
の上に仮留めして刺繍します。刺繍にはメリケン
針9番程度の細さの針を使いますが、細い針で硬
いものを刺す時は指ぬきを使い、針を折らないよ
うにていねいに針の出し入れをします。革は一度
刺すと穴が開いてしまうので、針を刺す場所を慎
重に定めながら刺し進めます。

Motif89、Motif47から応用。

Motif86からの応用。

Hoodie

　エレガントなドレスだけでなく、スポーティな
装いにも合うビーズ・スパンコール刺繍。黒とグ
レーのマットの素材を使うことで、うまくエレガ
ンスとカジュアルが融合しています。小さな花模
様と素材を変えたビーズのラインを交互に刺すこ
とで、甘すぎないデザインとなりました。

　綿ジャージーのフーディに直接刺繍をすること
も可能ですが、ここでは黒の綿テープに刺してガ
ロンを作り、それをまつり縫いで留めつけました。
ジッパーの左右で模様が合うように図案を描きま
す。洗濯は手洗いできるように、色落ちしづらい
加工の素材を選びました。並んだビーズの横の列
は、すべてコーチングステッチで刺しています。

126

用語集

刺繍用語には、本来とは違う意味で使われる言葉があります。
その中でも食べ物に関わる言葉が多いのが特徴的です(キャビア、ムース、パテなど)。刺繍ならではの言葉を表にまとめました。

français	フランス語	日本語	意味
aiguille	エギュイーユ	針	→ P.12
* anglaise	アングレーズ		スパンコールの両側を留めるステッチ→ P.25
broderie	ブロドリー	刺繍	
* caviar	キャビア		空ポワンを入れずにビーズを詰めて刺すヴェルミッセル→ P.27
* (point de) chaînette	シュネット	チェーンステッチ	→ P.19
* cuvette	キュヴェット	亀甲スパンコール	→ P.16
* crochet de Lunéville	クロッシェ・ド・リュネビル	リュネビルかぎ針	→ P.12
* manche	マンシュ	(クロッシェの)柄	
* pointe	ポワント	(クロッシェの先の)かぎ針の部分	
* écaille	エカイユ		スパンコールを鱗状に刺すステッチ→ P.26
enfilage	アンフィラージュ		糸に素材を通すこと。または針などに糸を通すこと→ P.18
épingle	エパングル	シルクピン	→ P.13
* escargot	エスカルゴ		外側から渦巻き状に内側に向かって刺していくこと→ P.75
étui à crochets	エテュイ ア クロッシェ	クロッシェケース	→ P.13
fil	フィル	糸	→ P.14
* métier à broder	メティエ ア ブロデ	刺繍枠	→ P.13
* mousse	ムース		ヴェルミッセルをふたつ重ねてビーズの間にスパンコールを立たせるステッチ→ P.27
paillette	パイエット	平丸スパンコール	→ P.16
paillette soleil	パイエット ソレイユ	ソレイユスパンコール	→ P.16
* pâté	パテ	ビーズトレー	→ P.13
perle	ペルル	ビーズ/パール	
* point	ポワン	ステッチ/針目	→ P.18
* point riche	ポワン・リッシュ		シュネットを芯にして細かいジグザグを刺すステッチ→ P.19
* point tiré	ポワン・ティレ		一度刺したポワンの糸を引いて元の位置に戻るステッチ→ P.19
* rivière	リヴィエール		スパンコールを半分ずつ重ねて刺すステッチ→ P.24
* rocaille	ロカイユ	丸ビーズ	→ P.15
tambour à broder	タンブール ア ブロデ	刺繍丸枠	→ P.13
tissu	ティスュ	布	→ P.14
* touche-touche	トゥッシュ・トゥッシュ		間に隙間なく線を刺すスパンコールのステッチ→ P.23
* tube	チューブ	竹ビーズ	→ P.15
* vermicelle	ヴェルミッセル		くねくねと曲がりながら素材をいろいろな向きに刺すステッチ →P.27

＊本来は違う意味で使うことが多いが、ここでは刺繍用語として使用。青字は道具や材料を指す。

ビーズについて

本書ではモチーフ制作にMIYUKIビーズを使用しました。MIYUKIのグラスビーズには、形が揃っている、色数が多い、種類が多いなどの特徴があり、その品質の高さは世界で評価されています。優れた製造技術と、たゆみない研究開発により、さまざまな種類のビーズが発売されており、現在は10,000種類以上を生産しています。本書でもドロップビーズ、スクエアビーズ、レクタングルビーズなど、一般的な丸ビーズとは一味違うテイストのビーズを使ったモチーフを紹介しています。

スパンコールについて

本書では、フランスのラングロワ・マルタン社（以下LM社）のスパンコールをモチーフ制作に使用しました。LM社はノルマンディーの自社工房にて、独自の伝統的なノウハウによりデザイン、色付け、加工、カッティングを行う100%メイド・イン・フランスの高品質なスパンコールを制作しています。原材料は2種類。80%の製品はヨーロッパの管理された森林の木材を原料とするセルロースアセテートと再生アセテートで、これらは生分解性プラスチックです。メタリック系のものにはPVC（ポリ塩化ビニル）が使用されています。環境にも配慮した素材・製造方法を貫き、オートクチュールの世界からも信頼を得ています。

＊ビーズやスパンコールの色はロットにより変化する可能性があります。ひとつの作品の中にロット違いの素材が混在しないよう、あらかじめ必要な分量を購入することをおすすめします。

品番HCからスタートしている亀甲、平丸に関しては糸通し。それ以外のもの（HC品番のソレイユ、バレット）はバラ。

MIYUKIで取り扱いのあるLM社スパンコール一覧（2023年3月現在）

形と大きさ	MIYUKI品番	備考（加工・色）
トップホール 14mm	H457/425	ポーセレン・黒
トップホール 12mm	H457/424	ポーセレン・黒
トップホール 12mm	H488/424	オリエンタル・アイボリー
トップホール 10mm	H488/423	オリエンタル・アイボリー
トップホール 8mm	H488/422	オリエンタル・アイボリー
バレット 3x12	HC131//101L	メタリック・ライトゴールド
バレット 3x12	HC131//101	メタリック・ゴールド
バレット 3x12	HC131//100	メタリック・シルバー
ソレイユ 5mm	HC125//110	ポーセレン・黒
ソレイユ 4mm	HC124//101	メタリック・ゴールド
ソレイユ 4mm	HC124//101L	メタリック・ライトゴールド
ソレイユ 4mm	HC124//110	ポーセレン・黒
ソレイユ 3mm	HC123//100	メタリック・シルバー
ソレイユ 3mm	HC123//101	メタリック・ゴールド
ソレイユ 3mm	HC123//101L	メタリック・ライトゴールド
平丸 12mm	H488/416	オリエンタル・アイボリー
平丸 10mm	H488/415	オリエンタル・アイボリー
平丸 10mm	H458/415	イリゼ・クリスタル
平丸 8mm	H455/414	メタリック・ダークグレー
平丸 8mm	H458/414	イリゼ・クリスタル
平丸 5mm	HC115/220	オリエンタル・アイボリー
平丸 4mm	HC114//5137	オリエンタル・ダックブルー
平丸 4mm	HC114//5070	オリエンタル・ライトグレー
平丸 4mm	HC114//10056	メタリックマット・黄緑
平丸 4mm	HC114//10040	メタリックマット・ターコイズ
平丸 4mm	HC114//7060	クリスタルリュストレ・オレンジ
平丸 4mm	HC114//5148	オリエンタル・オリーブグリーン
平丸 4mm	HC114//6003	ポーセレン・アイボリー
平丸 4mm	H1238/411	メタリックマット・ライトゴールド
平丸 4mm	H1240/411	ペルリアン・ホワイト
平丸 4mm	HC114//7070	クリスタルリュストレ・グレー
平丸 4mm	HC114/3070	イリゼ・ライトグレー
平丸 4mm	HC114//10010	メタリックマット・ローズ
平丸 4mm	H458/411	イリゼ・クリスタル
平丸 3mm	H1237/433	メタリックマット・シルバー
平丸 3mm	H458/433	イリゼ・クリスタル
平丸 3mm	HC113//7069	クリスタルリュストレ・ライトグレー
亀甲 6mm	H485/403	イリゼ・ライトグレー
亀甲 6mm	H487/403	イリゼ・ダークグレー
亀甲 6mm	H484/403	イリゼ・ダークマロン
亀甲 6mm	H486/403	イリゼ・グレー
亀甲 5mm	H483/402	イリゼ・マロン
亀甲 5mm	H486/402	イリゼ・グレー
亀甲 4mm	HC104//5163	オリエンタル・ライトベージュ
亀甲 4mm	H1239/401	メタリックマット・ゴールド
亀甲 4mm	HC104//5049	オリエンタル・ライトグリーン
亀甲 4mm	H458/401	イリゼ・クリスタル
亀甲 3mm	HC103//5158	オリエンタル・マスタード
亀甲 3mm	HC103//5071	オリエンタル・ブルーグレー
亀甲 3mm	HC103//5024	オリエンタル・ラベンダー
亀甲 3mm	H1239/432	メタリックマット・ゴールド
亀甲 3mm	H1240/432	ペルリアン・ホワイト
亀甲 3mm	H457/432	ポーセレン・黒
亀甲 3mm	H489/432	メタリックイリゼ・ダーク玉虫

杉浦今日子　Kyoko Sugiura

パリ在住・刺繍家。東京で刺繍作家・講師
として活動ののち2009年に渡仏。Kyoko
Créationの名で自身の創作活動のかたわら、
年2回のオートクチュールではパリの刺繍
アトリエで職人として刺繍制作に携わる。
独自の素材やモチーフを開拓し、繊細な手
わざを限りなく積み重ねていく手法はフラ
ンス工芸アートの世界でも高く評価されて
いる。ヨーロッパの芸術と刺繍の歴史をめ
ぐり旅することがライフワーク。フランス
工芸作家協会Ateliers d'Art de France会員。
https://www.kyokocreation.com/
Instagram.com/kyoko_creation_broderie/

ブックデザイン　若山嘉代子　佐藤尚美　L'espace
撮影　杉浦岳史
図案・イラスト　大森裕美子(tinyeggs studio)

協力　株式会社　MIYUKI　https://www.miyuki-beads.co.jp
　　　ビーズファクトリー　https://www.beadsfactory.co.jp

P.1の作品
(上)Dialogue-abeilles-34×43cm 2022年
(下)Dialogue-manchots-(部分)20×20cm 2022年

クロッシェ・ド・リュネビルとニードルによるモチーフ集

オートクチュールのビーズ・スパンコール刺繍

2023年2月19日　発 行　　　　　　　　　　　　　　　NDC594

著　　　者　　杉浦今日子
発 行 者　　小川雄一
発 行 所　　株式会社 誠文堂新光社
　　　　　　〒113-0033 東京都文京区本郷3-3-11
　　　　　　電話03-5800-5780
　　　　　　https://www.seibundo-shinkosha.net/
印 刷 所　　株式会社 大熊整美堂
製 本 所　　和光堂 株式会社

ISBN978-4-416-52259-2